건너와서 우리를 도우라

건너와서
우리를
도우라

이창우

규장

그분의 부르심

prologue

내 삶을 정의 내린다면 '그분의 부르심'이라고 하고 싶다. 그분은 끊임없이 내게 손짓하셨다. 태어난 그 순간부터 머리카락이 희끗해진 오늘까지 그분은 나를 부르고 계신다.

"은혜라고 쓰고, 빛이라 읽어라."

누가 새겨 넣었는지 모르는 이 문장이 어린 시절 나의 마음판에 새겨져 있었다. 나는 남부러울 것 없이 풍요로운 유년 시절을 보냈다. 그러나 성장하면서 내 마음에 새겨진 '은혜'라는 글자를 '빛'이라고 생각하고 읽어야 한다는 것을 알았다. 그분은 내가 받은 사랑과 은혜를 세상에 돌려주어야 한다고 말씀하셨다. 그 명제가 내 가슴과 생애에 운명처럼 다가와 사명의 발걸음이 되었다. 어떤 목사님의 설교에서 들은 이야기가 있다.

"하나님의 부르심은 영원한 것이다."

'부르심'은 헬라어로 '클레시스'(Klesis)라고 하는데, '콜링'(Calling)의 'ing'처럼 영원한 현재 진행형이라고 한다. 단 한 번 부르시는 것이 아니라, 이전에도 부르셨고, 지금도 부르고 계시며, 앞으로도 계속해서 부르신다는 것이다. 하나님이 원하시는 사람이 되어 다른 이를 돕는 자리로 끊임없이 부르신다는 것이다.

하나님은 나를 슈바이처를 꿈꾸는 의학도로 불러내셨다. 시간의 십일조와 의료선교를 서원하는 집회로 불러내셨고, 서해안의 오지를 다니며 영혼을 낚아 올리라고 병원선으로 불러내셨다. 한때는 선진 의술을 배울 수 있도록 미국의 존스홉킨스로, 피츠버그와 하버드로 불러내셨다. 그리고 마침내는 예수 그리스도의 십자가를 살아내라고 선한목자병원의 자리로 부르셨다. 이 부르심들은 내 영혼에 선교적인 DNA가 되어, 또 다른 부르심들을 갈망케 했다.

선한목자병원을 개원하고 하나님께서는 작정하신 대로 우리를 불러내셨다. 아이티, 미크로네시아, 중국, 필리핀, 라오스, 미얀마, 몽골, 네팔, 캄보디아, 인도네시아, 파키스탄의 영혼들이 '건너와서 우리를 도우라'라는 외침을 듣게 하셨다. 하나님은 주님 오시는 그날까지 계속 우리를 부르실 것이다. 그리고 나는 그 부르심으로 인해, 지금은 알 수 없는 그 어딘가를 향해 의에 굶주리게 된 것이다. 그래서 계속 주님의 말씀에 순종하여 두근거리는 심장을 가지고 선교의 발걸음을 옮기게 될 것이다.

이 책은 전체 3장으로 되어 있다.

1장에서는 말씀에 순종하여 주님이 부르시는 선교지로 달려간 내용들이다. 하나님께서 선한목자병원과 '굿셰퍼드재단'을 어디로 부르셨고, 무엇을 하게 하셨는지를 기록했다. 대지진으로 인한 아이티 참사 현장과 쓰나미 재앙을 보았던 인도네시아, 선교 병원을 세우기 위해 몸부림쳤던 라오스와 미얀마 그리고 가난하고 헐벗었지만 영혼이 아름다운 아프리카 나라들과 중국을 비롯한 아시아의 여러 국가들, 그 현장들에 찾아가 사람들을 치료하면서 보고 느낀 세계를 담아내고자 하였다.

2장에서는 '부르심의 과정'을 다루고 있다. 주님께서 나를 부족하나마 의료선교를 하는 의사로 세우시기까지의 과정을 담았다. 의료선교사가 되겠다는 어린 시절의 서원을 어떻게 받아주셨는지, 그 서원을 이루게 하시기 위해 나와 우리 가족을 얼마나 끈질기게 연단해 오셨는지를 기록했다.

마지막 3장에서는 인공관절 전문가의 꿈을 펼치며 오늘도 현재 진행형인 하나님의 선교에 대한 내용을 담았다.

이 책에 담긴 나와 내 아내의 스토리는 우리가 찾아낸 길이 아닌 그분이 불러주신 길이다. 그 길을 지금 걷고 있고 앞으로도 가게 될 것이다. 단 하나 확신하는 것은 그분이 부르시는 길에 후회와 미련이 남지 않는다는 것이다. 그분이 부르시는 곳에 내 생명이 있었고, 생명을 살리는 열매가 있었으며, 나를 진동시키는 행복이 있었다.

나는 의료선교를 하면서 만난 하나님이 얼마나 친절하고 세밀하신지, 그 섭리와 과정 속에서 만난 사람들의 영혼이 얼마나 간절히 하나님을 찾고 있었는지를 보여주고 싶었다. 부디 이 책에 담긴 모든 이야기들이 하나님께 영광이 되기를 간절히 기도한다.

　2014년 가을, 재단과 병원 경영의 어려움 속에 영적 침체에 빠졌을 때, 불쑥 찾아오셔서 하나님의 위로와 격려를 전해주셔서 이 책이 나오도록 이끌어주신 여진구 대표님과 최지설 팀장, 그리고 규장의 모든 식구들께 감사드린다. 오늘 있다 내일 없어질 들풀과 같은 나의 인생 이야기를 잘 소개해주어서 이 책이 나오도록 이끌어준 백상현 기자와 이상완 목사님께 고마움을 표한다.

　그리고 늘 내 옆에서 최선을 다해 함께 이 길을 걸어준 사랑하는 아내 김정신 권사와 두 아들 사무엘, 다니엘에게 감사와 애정을 보낸다. 또한 곧 다시 뵙게 될 아버지 고(故) 이종찬 장로님과 오늘 새벽에도 무릎으로 기도하시고 계실 어머니 김용화 장로님, 각자의 자리에서 하나님나라를 위해 수고하는 형제들, 28년 전 사위이자 셋째 아들로 맞아 사랑해주신 김선도 감독님과 박관순 사모님께 머리 숙여 깊은 감사의 마음을 전한다.

2015. 7

이창우

Changwoo Lee

프롤로그

1
주님이 부르시는 곳으로

차례

2
은혜라 쓰고 빚이라 읽는다

3
하나님의 선교는 오늘도 진행중

에필로그

1

주님이 부르시는 곳으로

선교사가
되겠습니다

나는 1961년 인천 중구 신흥동에서 3남 2녀 중 넷째로 태어났다.
당시 아버지는 경기도립병원 외과 과장이셨다. 내가 자란 집은 병원
에 붙어 있는 방 두 칸에 열 평 남짓한 직사각형의 다다미집이었다.
구수하고 시큼한 볏집 냄새가 방마다 풍겨나곤 했는데 그 냄새가 얼
마나 좋았던지 방바닥을 코로 킁킁거리며 다닌 기억이 생생하다.

우리 5남매는 집과 병원을 놀이터이자 울타리로 삼아 마음껏 뛰
어놀았다. 형과 나와 동생은 세발자전거를 타며 병동을 누비고 다
녔고, 누나들은 소꿉놀이, 공기놀이를 하면서 놀았다.

어린 시절을 회고할 때, 늘 감사한 것은 내가 사랑을 많이 받으면
서 자랐다는 것이다. 어렸지만 내 마음속에는 사람들이 나를 사랑
해줄 것이라는 확신이 있었다. 병원에 가면 "창우야! 왔니?" 하면서

내 이름을 불러주는 사람들이 많았다. 매점 아주머니는 매번 내 손에 아이스크림을 들려주시면서 쓰다듬어주셨고, 수간호사 분들은 나를 볼 때마다 "귀여워, 귀여워!" 하면서 안아주곤 했다. 어떤 분은 "나중에 커서 내 사위 해라" 하시면서 내 손을 잡아주시기도 했다. 내가 병원에 들어가기만 하면 나오지를 않는다고 어머니가 찾으러 오실 때가 많았다. 집에서는 물론이고 교회에서도 많은 사람들이 나를 안아주고 사랑해주던 기억들이 가득하다.

그때 받았던 사랑의 체험은 막연할 수 있는 하나님의 사랑을 피부로 느끼게 해주었다. 마치 온 세상이 나를 사랑해주는 것 같았다. 그 확신이 내 유년 시절의 행복이었다. 밝게 웃으면서도, 예의 바르고 조심스럽게 사람들을 대하는 태도는 나의 습관이 되었다. 그 습관은 차츰 나를 사랑받는 모범생의 스타일로 만들어주었다. 나는 학교와 교회 그리고 가정에서 말을 잘 따르고 순종하는 아이가 되었다.

나는 초등학교 때부터 고등학교 2학년 때까지 전교 1등을 놓치지 않았다. 어떤 때는 전국 10등 안에 들어가는 일도 있었다. 어머니는 나를 위해서라면 부족함을 느끼지 못하도록 채워주셨고, 아버지는 초등학교 1학년 때부터 바이올린을 배우게 해서 학교의 오케스트라 합주반에 들어가는 문화적인 특혜를 경험하게 해주셨다. 1학년 겨울에는 작은 바이올린을 하나 얻어서 TBC 방송국에 나가서 연주하기도 했다.

그러나 그런 칭찬과 인정 속에서 늘 마음속에 다가오는 부담감이 있었다. 우리 집이 비록 엄청난 부자는 아니었지만, 주변에 어렵게 사는 친구들이 많았다. 그런 친구들과 비교해볼 때, 내가 누리는 칭찬과 안정이 마냥 편하지만은 않았다. 한편으로는 감사하면서 또 다른 한편에서는 미안한 마음이 들었다. 나를 풍족하게 해주시는 부모님께 감사하고, 나보다 어려운 사람들을 대할 때 드는 감정은 미안함이었다. 그런 복합적인 감정 상태로 어린 시절을 보낸 것 같다. 그 두 감정은 내게 일종의 혼돈처럼 느껴졌다.

그 혼돈을 해소시켜주신 분이 아버지였다. 내 마음속에 생생하게 남아 있는 아버지에 대한 기억이 있다. 한번은 나랑 비슷한 또래의 아이가 엄마 손에 이끌려 병원에 왔는데, 아이의 배가 개구리처럼 불룩 튀어나와 있었다. 그 애는 죽을 것 같다고 울고 있었다. 아버지가 그 아이의 배를 열어서 장을 열어보니 회충이 야구공처럼 둘둘 말려서 또아리를 틀고 있었다. 아버지께서 그 회충을 꺼내 링겔병에 담아놓은 것을 내게 보여주신 일이 있었다. 나는 저 흉측한 회충이 내 배에 없다는 것이 너무나 다행스러웠다. 당시 위생이 좋지 않은 환경에서 흙장난을 하고 놀던 손으로 음식을 먹으니 그런 아이들이 많았다. 그때 나는 생각했다.

'우리 아버지는 슈퍼맨 같은 분이구나! 아버지가 저 아이의 끔찍한 괴물을 빼주어서 아이가 살게 되었구나! 나도 우리 아버지처럼 다른 사람을 도와주는 사람이 되어야지. 저렇게 어려운 사람들을

도울 수 있다면, 행복할 거야.'

그런 아버지의 모습이 내 마음속에 '미안함'과 '감사함'의 이중 감정을 해소시키는 이정표가 되었다.

또 어머니께서는 위인전들을 사주셨는데, 그중에서 인상 깊게 다가오는 한 사람이 있었다. 슈바이처 박사였다. 그가 아프리카에서 일생 동안 선교를 하며 생명을 살리는 일에 헌신했던 모습은 어린 내 가슴을 뛰게 하여 굳게 결심할 만큼 감동적이었다.

'저렇게 사는 것이 인생이구나! 생명을 사랑하고 생명을 위해 자기 생명을 희생하는 삶이 훌륭한 거구나! 나도 의사가 된다면 슈바이처같이 선교를 하는 의사가 되어야겠다.'

내가 선교를 하게 된 또 하나의 이유는 바로 어머니이다. 어머니께서 성경을 읽으실 때 늘 돋보기를 쓰셨는데, 당시 어머니의 연세는 40세 정도로 같은 연배의 다른 분들과 다르게 큰 돋보기를 쓰는 게 이상했다.

'왜 돋보기를 쓰실까? 공부를 못하셨나? 글을 잘 못 읽으시나?'

그 이유를 알게 된 때는 내가 열 살 때였다. 알고 보니 어머니의 시력이 안 좋으신 것은 나 때문이었다. 나를 임신하셨을 때 임신성 고혈압으로 인해 시신경이 손상되기 시작하여, 태아를 포기하라는 의사의 권유를 받았으나 시력을 포기하고 나를 낳으셨다는 것이다.

지금도 시신경을 다치는 것이 얼마나 무서운 일인가? 어머니의 시력이 나빠진 것은 내 생명을 당신의 시력으로 대속하신 것과 마찬가지이다. 어머니는 아무것도 아니라고 하시지만, 그것은 아무것도 아닌 게 절대 아니다. 어머님의 희생이 없었다면 나는 이 세상에 존재하지도 않았을 것이다.

나는 어머니를 통해 선교에 대한 나름대로의 이미지를 얻었다. 선교란 베푸는 것이 아니라 하나님께 감사함을 표현하는 길이라는 것이다.

'어머니, 아버지께서 나를 낳아주셨고, 좋은 환경에서 말씀과 기도로 키워주신 것이 하나님의 은혜였다. 그렇다면 나의 인생은 그 은혜를 다시 남에게 갚아주어야 하리라! 그것은 당연한 도리이지 그 이하도 이상도 아니리라!'

나의 그런 마음을 신앙으로 연결지어준 것이 CCC였다. 1974년 '엑스플로 74' 민족복음화운동을 여의도에서 하게 된다는 것을 알게 되었다. 그때 나는 중학교 1학년이었다. 어머님과 함께 영등포역에서 내려 여의도를 향해 가는데 가히 본 적 없던 인파를 볼 수 있었다.

김준곤 목사님과 빌 브라이트를 비롯한 설교자들이 단상에 서서 피를 토하는 듯한 열정적인 설교를 쏟아붓고 있었다. 그 우렁찬 목소리와 몸짓에서 발산되는 에너지에 전율이 느껴졌다. 백만 명에 가까운 대중들이 말씀을 사모하며 집중하는 모습이 거룩해 보였다. 나는 어린 나이였지만 그 장면은 내 몸 세포 하나하나를 감동시켰다. 정말로 이 땅에 하나님의 나라가 곧 임할 것 같았다.

6일 정도 그 집회가 이어졌던 것 같다. 대방초등학교에서 바닥에 담요를 깔고 자면서 집회에 참여했는데, 여의도 광장에 개당 5천~7천 명을 먹일 대형 솥이 20개가 놓이고 여의도를 중심으로 30만 명이 넘는 사람들이 집회를 떠나지 않고 있었다. 그 기간 동안 한국대학생 선교회(CCC) 강사들이 곳곳에 퍼져서 강의를 했다. 그때 처음으로 사영리(四靈理)를 듣게 되었다. 그리고《성령 충만한 생활의 비결을 발견하셨습니까?》라는 소책자를 접할 수 있었다. 나에게는 그 순간 이 난생 처음 접해보는 충격이었다. 내 가슴 정중앙에 꽂히는 화살 같았다. 전도 훈련을 받고 돌아와 연안 부두에 나가 전도를 하였는데, 부둣가에 서서 예수님을 영접한 청소년들의 모습이 지금도 생생하다.

'하나님! 저도 하나님의 사람이 되고 싶어요. 민족의 가슴마다 피묻은 그리스도를 심어 이 땅에 푸르고 푸른 그리스도의 계절이 임할 때, 저도 하나님의 쓰임 받는 도구가 되게 해주세요. 더 이상 죄를 짓지 않고, 복음을 전하여 생명을 살리는 이창우가 되게 해주세요.'

사랑받고 싶고, 인정받고 싶다는 동기와는 차원이 다른 거룩한 열정을 가진 세계가 있다는 것을 그때 직감했다. 그 세계로 가고 싶었다. 사랑받는 세계가 아니라 사랑하는 세계! 대접받는 세계가 아니라 생명과 영혼을 대접하는 세계!

'하나님, 거룩한 세계에 속하여 살게 해주세요! 저의 삶을 인도해주세요.'

사춘기 내 영혼 안에 무언가 들어왔다. 성령의 감동! 영원히 잊지 못할 성령의 감동이 새겨진 것이다. 그 감동은 대학 시절 선교에 대한 서원으로 이어지게 되었다. 대학 2학년 때, 김준곤 목사님이 이끄는 CCC집회에 참여하게 되었는데, 김 목사님의 설교를 들을 때 가슴이 뜨거워짐을 느꼈다.

"선교할 사람 일어나세요."

이 말이 거역할 수 없는 하나님의 음성처럼 들려왔다.

나도 모르게 자리에서 일어났다. 그리고 큰 소리로 부르짖었다.

"저도 선교사가 되겠습니다. 일생 동안 주님을 증거하고 생명을 살리는 주님의 종이 되겠습니다."

그 후에 아내를 만나게 되었다. 나는 '선교를 위한 결혼'에 동의할 배우자를 만나고 싶었다. 그래서 먼저 나의 사명을 밝혔다.

"저는 어려서부터 선교사가 되려고 한 사람입니다. 그냥 돈을 많이 벌어서 잘살려고 하는 의사가 되지는 않을 겁니다."

나의 고백을 아내는 기쁘게 받아주었다. 아내인 김정신 권사도 나와 같이 선교의 길을 위해 예비된 사람이었다.

장인어른이신 김선도 목사님(광림교회 원로목사, 감독)이 대전에서 군목생활을 하실 때, 허름하게 방치된 영천교회를 건축하려고 했었다. 사례비를 다 털어서 교회를 짓는 일에 다 쏟아부었다. 그때 장모님은 임신을 하셨는데 제대로 영양 공급이 이루어지지 않은 상태에서 딸을 낳았는데 저체중아였다. 할머니가 아기를 보시면서 안타까워하셨다.

"애기를 낳지 않고 태를 낳아 놨구나, 작은 태를⋯."

아기는 제대로 울 힘도 없었다. 그러자 할머님이 장모님께 말씀하셨다.

"사람 구실 못하겠다. 일찌감치 마음 비워라."

당시에 저체중아들은 대부분 뇌성마비나 장애를 앓는 경우가 많았다. 그런데 장모님께서 그 아기를 끌어다가 기도로 젖을 물렸다고 한다. 젖을 빨 힘도 없어서 아기는 한없이 약해져갔다. 조금 먹고 넘기는 것도 토하고 설사하면서 여리디 여린 생명줄로 버티었다고 한다.

그런 아기를 보는 장모님과 장인어른의 가슴은 한없이 무너져 내렸는데 그때 타내려간 가슴이 아직도 남아, 지금도 딸에 대한 사랑이라면 열 아들 합친 것보다 더 애타게 끓어오르실 정도다. 내가 아내를 사귀기 전부터 장인어른은 늘 좋은 예화 속에 딸의 이야기를 집어넣으셨다. 그토록 애간장을 타들게 했던 약한 딸이 지금 이렇게 잘 자라주어서 감사하고 감사하다다는 간증을 늘어놓으셨다.

이제 갓 소녀티를 벗은 앳된 아내를 만났을 때, 우리가 각기 다르게 걸어왔던 인생이 선교라고 하는 하나의 주제 안에서 합해지는 것 같았다.

"우리 둘은 선교하는 것이 마땅합니다. 우리는 하나님께 받은 게 많아요. 저는 갚아야 할 것이 많고요. 정신 씨도 죽다가 살아난 사람이니, 우리 같이 선교합시다."

아내와 나의 인생 지표는 선교라는 같은 지향점을 향하도록 섭리되었고, 하나님의 뜻과 계획에 따라 부부가 되었다. 죽을 뻔한 생명! 다시 살아난 아내와 받은 은혜를 세상에 갚아야 한다는 나의 신념의 결합은 필연적으로 선교 외에 다른 길을 꿈꿀 수가 없었다.

나는 우리나라가 잘살게 된 것이 하나님의 은혜임을 믿는다. 130년 전 우리나라에 왔던 선교사들이 복음을 주고, 잘사는 길을 가르쳐주었기 때문에 우리나라에 근대화와 번영의 길이 열리게 된 것이다.

그렇다면 우리는 그 은혜를 갚아야 한다. 감사를 표현하는 것이 선교이다. 미리 지불된 것에 대한 값을 치르는 것이 선교이다. 주신 것을 다시 돌려드리는 것이 선교이다. 주님은 우리에게 많은 것을 주셨고, 우리나라가 많은 것을 받아 잘살게 되었음을 알아야 한다. 우리나라가 선진국으로 살아간다는 것은 일인당 국민소득이 4만 달러가 되어서가 아니다. 비록 가진 것이 적어도 남을 돌아보는 민족이 되는 것이 예수님 사랑이고 선진국의 모습이다.

나는 예수님이 말씀하신 불의한 청지기의 비유를 좋아한다. 주인의 돈으로 다른 사람들의 빚을 탕감해준 불의한 청지기를 주님은 칭찬하셨다.

'주인 돈을 함부로 착복하고 횡령한 청지기를 왜 칭찬하셨을까?'

그것은 주인께 받은 은혜로 사람들을 자유케 했기 때문일 것이다. 하나님께 받은 은혜를 묵히지 않고, 그 은혜를 나누어주었기 때문일 것이다. 내게는 인생의 슬로건이 하나 있다.

"은혜라고 쓰고 빚이라 읽어라."

지금까지 내가 받은 모든 것들이 하나님의 은혜이다. 내 인생에 새겨진 단어, 내 영혼과 몸과 삶 전체에 새겨진 말은 오직 '은혜'라는 글자이다. 그 '은혜'를 나는 '빚'이라고 읽는다. 내가 하나님께 받은 은혜는 사람들을 자유케 하고 도움을 주어야 하는 '빚'이며 나는 하나님의 청지기인 것이다. 아무런 의가 없는 청지기! 그것이 우리 가족이 선교의 길을 가는 이유이다. 오늘도 탕감받은 자로 은혜의 빚을 감사한 마음으로 갚으며 살아가리라 다짐해본다.

주님을
도우러 간 곳

2010년 1월 13일 아이티에서 지진이 발생했다. 아이티의 수도인 포르토프랭스 인근 지표면으로부터 13킬로미터 깊이에서 발생한 강도 7.0의 강력한 지진이었다. TV에서는 연일 처참하게 무너진 아이티의 참상을 방영하고 있었다. 대통령궁과 국회의사당을 비롯해 수도의 주요 건물이 무너져내린 장면들이 계속 보도되었다. 교도소도 무너져 4,000명의 죄수들이 탈출했는데, 무질서한 상황을 바로잡을 어떤 시도조차 할 수 없으며 이미 22만 명이나 사망했다는 믿을 수 없는 소식이 들려왔다.

TV를 통해서 본 아이티의 모습은 폐허 그 자체였고 국가의 기능을 완전히 상실한 무정부의 혼돈 상태였다. 30만 명이 넘는 사람들이 부상을 당한 채 폐허가 된 길거리를 배회하고 있는데, 그들은 마치 제 몸을 잃어버린 유령처럼 흐느적거리며 걷고 있었다. 아이티 인구의 삼분의 일이 지진으로 인해 끔찍한 피해를 당했다.

UN과 전 세계에서 아이티를 도우려고 손길을 내밀고 있었다. 나는 그 모습을 보면서, 나름 안도했다. 내가 다녀오기에는 너무나 먼 곳이었다. 그런데 시간이 지나면서 도우러 간 나라들이 빠져나가고 있다는 새로운 소식을 듣게 되었다. 아이티를 다녀온 '소중한 사람들'(노숙인들이 새로운 삶의 터전을 찾아 다시 일어설 수 있도록 돕는 자활센터)의 대표인 유정옥 사모가 안타까운 듯 말을 꺼냈다.

"지진으로 인한 폐허는 여전히 복구가 안 되고 있어요. 그런데 도우러 온 나라들이 포기하고 떠나고 있는 상황이에요. 아이들은 부모 없이 길바닥을 헤매며 돌아다니고 있고 갓난아기들도 길에 방치되어 있어요. 애 어른 할 것 없이 아무 데서나 자고 있어요."

아이티의 현실에 마음이 아팠다.

"뭔가 도울 일이 없을까요?"

"있어요. 가장 긴급한 게 의료 문제예요. 아픈 사람들이 너무 많아요."

이런 말을 듣고 나니, 가만히 있을 수가 없었다. 사도행전에서 사도 바울이 환상 중에 들었던 '건너와서 우리를 도우라'(행 16:9)라는 음성이 귓가를 떠나지 않았다. 그 음성에 끌려 우리 부부는 아이티로 향했다. 막상 도착해보니 말로 들었던 것 이상의 광경이 눈앞에 펼쳐지고 있었다.

'이런 곳에 사람이 살 수 있나?'

길거리는 온통 먼지투성이였고 휴지와 누런 봉지들이 바람에 휘날리고 있었다. 물이 조금 고였다 싶으면 사람들이 그 물을 마시고, 몸을 씻는데, 아이들이 다시 그 물에 배설을 하고 있었다. 애잔한 슬픔이 가슴을 쓸어내렸다. 그러나 그 안타까움은 금세 두려움으로 바뀌고 말았다.

우리가 공항에서 나오는 순간 남루한 옷차림을 한 새까만 사람들이 우리에게로 몰려들었다. 공항에서 나오는 사람들의 짐이라도 들어서 돈을 벌려는 것이었는데, 황폐함을 뒤집어쓰고 다가오는 군중의 무리들과 맞닥뜨리게 되니, 두려움과 공포가 밀려오는 것이었다.

'선교하러 왔다가 봉변을 당하는 것 아닐까? 이러다가 큰일 나는 것 아닐까?'

그때 다가온 사람들 중 한 명이 말을 걸었다.

"이창우 원장님 아니세요?"

불안에 떨던 가슴이 익숙한 한국말에 겨우 진정되었다.

"아, 예. 맞습니다."

대답을 하면서 가슴 한쪽에서 부끄러운 감정이 밀려왔다.

'누가 누구를 돕는단 말인가? 도움을 주겠다는 사람이 도움을 받을 사람들에게 두려움을 느끼다니….'

나는 그런 존재였다. 실상은 누군가를 도울 수 없는 보잘것없는 연약한 존재!

이때 부끄러운 마음 사이로 사명을 일깨우는 생각이 들어왔다.

'그래! 나는 이 아이티 사람들을 도우러 온 것이 아니야. 내 안에는 사랑이 없어. 내 안에는 찌듦과 폐허를 뒤집어쓴 저 두려운 죽음의 이미지를 극복해낼 사랑이 없어. 나는 아이티를 도우러 온 것이 아니야. 아이티를 회복시키실 주님을 도우러 온 거야. 이 아이티의 참담한 고통을 짊어지시는 그리스도의 십자가 사랑에 동참하러 온 거야.'

이런 생각이 들자 마음이 진정되고, 두려움이 사라졌다. 우리를 마중 나온 탁 목사와 로즈 사모는 원래 사업가였다. 아이티에 공장을 지어 옷을 만들어서 뉴욕에 파는 일을 하면서, 아이티 사람들에게 일자리를 만들어주며 선교를 하고 있었다. 유정옥 사모가 그분들과 우리를 연결해주었던 것이다. 유정옥 사모는 그 두 부부와 함께 '예수 마을'이라는 빌리지를 지으려고 준비를 하고 있는 상황이었다.

그분들의 소개로 아이티를 둘러보며 두 가지 생각을 하게 되었다. 하나는 아이티는 다시 일어날 수 없는 나라라는 절망적인 생각이 끊임없이 일어났고, 다른 하나는 상대적으로 한국은 큰 소망을 축복으로 받은 나라라는 생각이었다.

많은 나라들이 아이티를 선전물로 이용하고 있다는 것이 안타까웠다. 회복 불능이라는 아이티의 현실 앞에서 같이 씨름하고 일으키려 하기보다는 자국이나 단체의 좋은 이미지를 만들기 위한 선전물 정도로 이용하고 있다는 느낌이었다.

그런데 놀랍게도 그 폐허가 된 땅을 버리지 않고 끝까지 씨름하는 젊은이들이 있었다. 프랑스와 미국을 비롯해 도움을 주러 온 나라들이나 단체들이 다 떠나고 없었다. UN의 도움도 별로 보이지 않았다. 그런데 한국 청년들 여덟 명과 선교사들이 그 땅에 남아 아이티의 회복을 위해 뛰고 있었다.

여덟 명의 청년들은 아이들을 교육시키고, 원조를 요청하며, 치안을 지키고 직업을 만들어주는 등 매일매일 그 나라를 살릴 온갖 궁리를 하고 있었다. 나는 그 청년들이 모두 한국인인 줄 알았다. 그런데 알고 보니, 코이카(KOICA, 한국국제협력단)로 온 두 명의 청년만 한국에서 왔고, 나머지 여섯 명은 한국계 미국인, 한국계 캐나다인이었다. 그들은 국적은 달랐지만 모두 한국인의 피가 흐르는 이민 3세로다 한국말을 쓰고 있었다. 한국말을 할 줄 모르는 청년들은 아예 오지도 않았다고 한다.

그리고 그들 모두 신앙을 가진 사람들이었다. 부모 혹은 할아버지 할머니 대의 신앙을 고스란히 물려받은 신실한 젊은이들이었다. 그때 느낀 감동을 뭘로 표현할 수 있을까?

'정말 이런 청년들이 있는 대한민국은 하나님이 복을 주신 나라구나. 어떻게 이렇게 아름다운 청년들이 있을 수 있을까?'

그중 '제임스 박' 전도사가 있었다. 그는 청년들을 데리고 아이들을 가르치고 있었다. 그가 우리에게 도움을 요청해왔다.

"원장님, 저희를 좀 도와주십시오."

"도와드려야죠. 어떻게 하면 될까요?"

"저희를 잠시 따라와주시겠습니까?"

그가 우리를 안내한 곳은 나무로 지은 허름한 임시 건물이었다. 그곳을 콜레라 요양 병원으로 쓰고 있었다. 여러 가지 질병들이 아이티를 휩쓸었지만, 가장 심각한 병은 역시 콜레라였다. 그들은 콜레라 환자들을 통제하는 것이 급선무임을 직감했다고 한다. 지진이 시작된 중심점이 아이티의 수도 포르토프랭스였기 때문에 이곳에 있는 콜레라 환자들을 통제해서 전국으로 병이 확산되지 못하도록 막아내고 있었다. 정말 지혜롭고도 중요한 판단이었다.

그곳에 삶의 희망을 잃은 아이들이 불량스러운 행동을 하고 다녔는데, 박 전도사 일행이 그들을 한 사람 한 사람 만나 설득을 해서 요양 병원을 지키게 하고 있었다.

콜레라 환자들은 여기저기 널빤지 침대에 앉아 있었다. 그 널빤지 밑에 구멍을 뚫어놓고 환자들이 설사를 질질질 흘려놓고 있었다. 박 전도사 일행과 아이들은 환자들에게 소독수를 뿌려주고 손을 씻어주며, 그 배설물들을 치우면서 고된 일을 감당해내고 있었다. 의사 자격증도 없는 사람들이 그런 일을 하고 있는 것을 보니 진한 감동이 느껴져 가슴 밑바닥에서 올라오는 눈물을 참을 수가 없었다.

'하나님께서 이걸 보여주시려고 우리를 이곳에 보내셨구나! 이곳은 도울 수밖에 없는 곳이야.'

처음에 아이티에 와서 느낀 감정은 절망감뿐이었는데, 그 절망의 한복판에 손과 발을 다 걸어붙이고 젊음을 불태우는 한국 청년들이 있었다. 주님을 사랑하기에, 낯선 곳에 와서 자신의 삶을 드리고 있었다. 그리고 하나님은 나에게 바로 그들을 도우라고 보내신 것을 알았다.

"원장님, 약이 많이 필요합니다."

"알겠습니다. 원하는 만큼 보내드리겠습니다."

그렇게 우린 아이티를 떠나 한국으로 돌아왔다. 여덟 명의 청년들의 모습이 뇌리에 인상 깊게 남아 있었다. 주님의 손과 발이 되어 십자가를 살아내고 있는 젊은이들의 모습이 눈에 아른거렸다. 우리 부부는 돌아오는 즉시 그들에게 약을 보내주었다.

여전히 아이티는 절망적이다. 그러나 전에는 절망만 보았다면 이제는 그곳에 소망이 있다는 것을 안다. 비록 상황은 절망적이지만, 그곳에도 하나님이 계신다. 하나님께서 아이티를 사랑하셔서 여덟 명의 한국 청년들 같은 하나님의 사람들을 보내주신다는 것과 하나님의 사람들을 통해 아이티에 새로운 생명을 불어넣어주시고 있다는 것을 보았다.

한 가지 재미있는 사실을 나중에 알게 되었다. 아이티에서 만난 제임스 박 전도사가 한국에 있는 자매와 교제하고 있다는 것을 알고 있었는데, 나중에 알고 보니 한국에서는 아주 유명한 원더걸스의 선예였다. 선예가 우리보다 먼저 아이티에 선교를 갔다가 박 전도사를 알게 되어 사귀게 되었던 것이다.

선예 자매가 광림교회 청년부 예배 중에 아이티 선교 간증을 한 것이 기억났다. 간증의 주된 내용은 아이티를 사랑하게 되어 가수로서의 생활을 멈추고 아이티에 가서 선교를 하겠다는 것이었다.

나는 얼마 후에 박 전도사와 선예의 결혼식에 참석했다. 아름다운 사람들의 결혼이었다. 젊음과 열정을 아이티에 쏟아부은 박 전도사도 아름다웠고, 인기와 명성을 내려놓고 하나님의 길을 선택한 선예의 결단도 매우 아름다워 보였다. 결혼식 때 선예의 소속사 JYP 엔터테인먼트 대표인 박진영 씨도 참석을 했다. 축사의 시간에 그는 선예에게 이렇게 말했다.

"원더걸스를 떠난다고 할 때, 말리고 싶고 고민도 많았지만 네가 선한 일을 하겠다고 하니, 너를 보내줄게…."

당시 최고의 케이팝 그룹이었던 원더걸스를 이끌었던 박진영 씨의 축사는 짧지만 강력한 여운을 남기며 하객들의 긴 격려의 박수를 받았다. 그 또한 아름다운 모습이었다.

현재 선한목자병원을 통해서 아이티의 수도인 포르트프랭스에 진료소 한 곳을 세웠다. 집 한 채를 빌려서 한쪽에는 집이 없는 아이들이 와서 예배드리고 숙식을 하고 있고 다른 한쪽에선 진료를 하고 있다.

미국과 가까운 곳에 있어서 현재 미국 진료팀이 오고 있는데, 우리가 세운 진료소를 이용하며 많은 환자들을 치료하고 있다.

우리가 알거니와 하나님을 사랑하는 자 곧 그의 뜻대로 부르심을 입은 자들에게는 모든 것이 합력하여 선을 이루느니라 롬 8:28

하나님께서는 수많은 하나님의 사람들을 향해 와서 도우라고 말씀하신다. 그리고 그 명령에 순종하는 자들의 작은 도움들을 엮어서 하나님나라의 역사를 엮어나가신다.

생수의 강이
흐르도록

2004년 1월 20일 설 연휴! 이날은 선한목자병원이 처음으로 해외선교를 시작한 날이다. 병원을 개원한 지 정확히 2년 2개월이 흐른 시점이었다. 괌에 있는 늘푸른교회 이우조 목사님이 허리 통증으로 우리 병원을 찾은 적이 있었다. 그는 미크로네시아 원주민들을 돕는 사역을 하고 있었는데 하루는 전화를 해서 도움을 요청했다.

"미크로네시아 지역을 돕던 교회의 해외선교부장이 바뀌면서 선교가 중단되었는데, 원장님이 와서 도와줄 수 있으신가요?"

그 말을 듣는 순간, '때가 되었구나'라는 느낌이 강하게 들었다.

"어떻게 도와드리면 되겠습니까?"

"이곳에 환자들이 많습니다. 의료팀을 데리고 와주세요."

우리는 즉시 팀을 꾸리기 시작했다. 의사 출신으로 병원의 의료고

문이셨던 76세의 아버님이 함께해주셨고, 아내 김정신 권사와 물리치료사, 간호사들이 합류하여 총 열한 명이 동행하게 되었다.

우리는 시작에 앞서 한 가지 원칙을 세웠다. 그것은 선교에 대한 모든 비용을 병원에서 부담하기로 한 것이다. 장기적인 선교의 비전을 진행하려면 선교에 필요한 비용을 대원들에게 일체 부담시키지 않는 전통을 세우는 것이 바람직하다고 여긴 것이다.

미크로네시아는 4개의 큰 섬과 607개의 작은 섬들의 연합으로 이루어진 나라로 정식 명칭은 미크로네시아연방공화국이다. 지도상에서는 필리핀 동쪽 서태평양에 여러 개의 점들로 표시되어 있는데 너무 작아서 잘 보이지도 않는다. 오랫동안 강대국들의 신탁 통치 하에 있다가 1990년 UN이 최종적으로 독립을 인정했다. 전체 인구가 11만가량이고 1인당 국민총생산도 세계 215위일 정도로 가난하고 힘이 없는 나라이다.

우리가 비행기를 타고 제일 먼저 내렸던 곳은 괌이었다. 한국을 떠날 때는 눈이 내리고 있었는데, 괌에 도착해보니 비가 내리고 있었다. 우산을 펼쳐든 한인 교회의 선교대원들이 우리를 기다리고 있었다. 우리와 합세하여 이미용 선교를 돕자고 나온 것이었다.

그날 추크로 가는 비행기가 아침에 떠난다는 소리를 듣고 우리는 찜질방에서 밤을 보내기로 했다. 몸은 피곤했지만 잠이 잘 오지 않았다. 이제 곧 시작될 선한목자병원의 선교의 시작이 어떻게 펼쳐지게 될지, 하나님께서 어떻게 인도하실지 두렵고 떨리는 마음이 가득했다.

밤잠을 설치고 새벽에 추크 섬으로 가는 비행기에 몸을 실었다. 가물가물한 시선 아래로 남태평양의 넓고 깊은 바다가 우주처럼 펼쳐지고 있었다. 가도 가도 푸른 바다를 보니 가슴이 한없이 뛰었다.

'저 넓고 아름다운 바다 가운데 섬에는 어떤 사람들이 살고 있을까? 하나님은 우리를 어디로 인도하실까?'

한 시간의 비행을 마치고 추크에 도착하자 우리를 기다리고 있는 것은 보트였다. 페펜이란 섬으로 가는 노선은 배뿐이었다. 그것도 카약만한 작은 보트에 모터를 달아놓은 불안하기 그지없는 배였다. 구명조끼도 없고 안전장비도 일체 없었다. 그런 작은 배 두 대에 의약품을 싣고 열한 명이 타야 하는 상황이었다. 안내원이 말했다.

"여기서부터 쉬지 않고 두 시간을 달릴 겁니다. 아주 위험하니까 배를 단단히 붙잡아야 합니다."

보트 속도가 얼마나 빠른지 달리는 내내 물이 끝도 없이 뛰어올라 온몸을 때렸다. 얼굴에까지 퍼붓는 파도에 볼이 얼얼할 정도였고, 옷이며 의약품들까지 모두 다 젖어버렸다. 두 시간 동안 보트에 매달리다시피 하고 달려서 도착해서인지, 진료를 하기도 전에 우리는 녹초가 되어 있었다. 각오는 했지만 시작부터 만만치가 않았다. 나를 비롯해 대원들은 마치 오징어처럼 축축 늘어지는 것 같았다.

그 순간 우리의 지친 몸에 생기를 불어넣는 듯한 소리가 들려오고 있었다. 배에서 내려 언덕에 있는 교회를 향해 걸어가는데, 전통복장을 한 원주민들이 일렬로 서서 찬양을 부르고 있었다. 자세히 들어보니 한국말로 부르는 찬양이었다. 아무런 악기도 동원하지 않고 부르는데도, 완벽한 화음을 이루고 있었다! 마치 영화 〈미션〉에서 가브리엘 신부(제레미 아이언스)가 오보에를 연주할 때, 다가오던 원주민들이 느낀 신비가 우리를 감싸는 것 같았다. 모든 피로를 한순간에 날려버리는 감동이었다.

진료를 시작하자 수많은 사람들이 몰려왔다. 그런데 대부분의 사람들이 한결같이 비만을 의심케 하는 체구로 위태롭게 걸어오고 있었다.

'가난한 나라 사람들이 왜 이렇게 뚱뚱하지?'

진찰 결과 많은 이들이 비만으로 인한 관절염과 당뇨, 고혈압을 앓고 있었다. 알고 보니 미크로네시아는 생산활동이 거의 정지된 나라였다. 국민소득이 2,000달러 미만으로 미국의 원조를 받아 생활했는데, 먹는 음식들이 햄버거와 콜라, 고기 그리고 통조림뿐이었다. 몸이 비대해져 통으로 된 파자마 같은 옷을 입고 있었는데, 마치 그 넓은 옷을 늘어나는 살로 채워가는 듯 보였다.

잘사는 나라 사람들이나 걸리는 병을 가난한 원주민들이 일반적으로 겪고 있는 아이러니가 눈앞에서 펼쳐지고 있었다. 진료를 하는 내내, 내 머릿속에선 이런 생각이 떠나지 않았다.

'이건 일종의 사육일지 모른다.'

못사는 나라의 국민이 생산능력은 전혀 없는데, 스스로 일어날 기회를 주지 않고 그냥 먹이기만 하는 것 같았다.

페펜 섬에 있는 사람들은 돈 5불이 없어서 평생 섬을 한 번도 나가 보지 못한다. 아파도 배를 타고 갈 돈이 없어 병원 진료를 받지 못한 채, 아무런 희망 없이 사육 아닌 사육을 당해가면서 살고 있었던 것이다. 그렇게 많은 원조가 이루어지는데도, 섬에는 작은 진료소 하나 세워져 있지 않았다. 특별히 할 일도 없고, 이루고 싶은 꿈도 없이 무료하게 살다가 자살을 선택하는 젊은이들이 많았고, 살아 있어도 성인병에 걸려 사는 것 같지 않게 살고 있는 상태였다.

반면에 섬은 마치 에덴동산이 이렇지 않았을까 싶을 만큼 아름답고 생명력 넘치는 자연의 생기를 뿜어내고 있었다. 그런데도 사람들은 아름다운 대자연의 선물을 누리지 못하고 있었다. 마음껏 뛰고 달리고 누려도 다 누리지 못할 저 어마어마한 하나님의 은총 대신에, 서방 나라들이 보내주는 정치적인 원조에 길들여져 병들어가고 있었던 것이다.

'어쩌면 나도 그럴지 몰라. 인간이 주인 된 이 세계 속에 살면서, 인간의 통치로 만들어진 문명에 조종되고 사육되고 있는지도 몰라. 그렇게 길들여지면서, 지금 여기에 쏟아지고 있는 햇살 같은 하나님의 통치를 누리지 못하는지도 몰라.'

그런 생각이 들자 기도가 나왔다.

'하나님! 제 영혼을 지켜주세요. 세상에 물들어가지 않게 붙잡아주세요. 주님의 다스리심의 은총 아래에 머물러, 생명수의 강을 흘려보내는 사람이 되게 해주세요.'

미크로네시아가 전 세계에 알려지게 된 계기는 TV를 통해서였다고 한다. 최근에 지구의 온난화 때문에 해수면이 높아져서 미크로네시아의 작은 섬이 사라지고 있다는 방송이 보도되면서 사람들의 관심이 높아진 것이다. 한 마디로 미크로네시아는 희망이 없는 땅이었다. 점점 사라져가는 땅, 내일이 없기에 원조 이외에는 그 어떤 의미 부여나 관심조차 이루어지지 않는 땅!

그런데도 사람들은 착하기 그지없었다. '세상에 이런 사람들이 있을까?' 싶을 정도로 때가 묻지 않은 사람들이었다. '차라리 착하지나 말지!' 더 가슴이 아팠다.

미크로네시아에서 가장 활약을 드러낸 분은 나의 아버님이셨다. 일반외과와 가정의학과 두 분야 전문의였던 아버지는 오지에서 가장 탁월한 의료선교 전문가셨다. 요즘 의사들은 거의 자신의 전공분야만 다루지만 아버지 시대만 해도 의사 수가 절대적으로 부족했기 때문에 산부인과와 신경외과, 이비인후과, 정형외과 등을 다 하셨기에 거의 모든 질병을 치료하실 수 있었다.

아버님은 고혈압과 관절염 말고도, 수많은 종류의 환자들을 아주 능숙하게 돌보셨다. 나는 진료를 맡고 아버님은 온갖 수술을 해내셨다. 손발이 착착 맞았다. 그렇게 페펜 섬과 모헨 섬을 돌며 아버님과 나는 1,000명에 달하는 환자를 돌볼 수 있었다.

페펜 섬을 떠나올 때는 해가 이미 기울어진 밤이었다. 다시 보트를 타고 두 시간을 달려야 했다. 달리는 보트에서 누군가가 떨어져도 모를 위험천만한 상황에서도 나를 비롯한 선교 대원들의 표정에는 만감이 교차하고 있었다. 첫 선교를 해냈다는 성취감보다 허탈한 감정이 더 크게 밀려왔던 것이다.

'이렇게 일회성으로 선교 현지를 다니는 게 과연 저들에게 얼마나 도움이 될까? 간단한 약만 있어도 치료가 될 병을 방치했다가 큰 병으로 확대된 사례가 너무 많다. 그렇다고 매년 와서 수술을 해준다는 것도 무리다.'

고민을 거듭하면서 한 가지 아이디어가 떠올랐다. 굳이 의사가 상근하지 않더라도 간호사가 약이라도 꾸준하게 지급해줄 수 있다면 현지 주민은 물론 선교사의 선교활동에도 큰 도움이 될 수 있겠다는 생각이 들었다. 그렇다고 허탈함이 떨쳐지진 않았다. 무료진료소 하나 세운다고, 저 많은 사람들이 구원을 얻는 것은 아니기 때문이다. 우리가 할 수 있는 것은 고작 무료진료소 하나 세우는 일일 뿐인 것이다. 하지만 그 '작은 도움' 하나에 우리의 기도와 염원을 담았다.

'하나님! 저들의 비대해진 몸속에 갇힌 앙상한 영혼을 봅니다. 부디 이 무료진료소가 몸을 강건케 하고, 영혼을 살찌우게 하는 생명의 진료소가 되게 해주옵소서! 그리스도의 생명수를 흘려보내는 마르지 않는 샘의 근원이 되게 해주옵소서! 예수님의 이름으로 기도합니다. 아멘.'

기적을
일으키는 생명력

미크로네시아에 이어 두 번째로 선교를 시작하게 된 나라는 라오스
였다. 지인을 통해 라오스 선교를 도와달라는 요청을 받게 되었을 때
들은 정보에 의하면 라오스는 '불교의 나라'이면서 '힘이 없는 나라',
'전쟁과 식민 지배의 상처를 간직한 나라'라는 정도만 알고 있었다.

라오스는 프랑스의 지배를 받았고, 이후에는 베트남과 태국에 오
랫동안 시달림을 받았다. 베트남 전쟁 당시에는 베트남 땅인지, 라
오스의 땅인지 구분이 안 돼서 아무 상관없는 이 나라는 수없는 폭
탄 세례를 받아야 했다. 그때 묻어놓은 지뢰가 아직도 제거되지 않
아 여전히 전쟁의 공포 속에 머물고 있는 나라가 라오스이다.

2004년 4월 선한목자병원에서 선교팀을 꾸려 들어갈 때만 해도
라오스에는 선교사가 많지 않았다. 나는 라오스가 어디에 있는지도

모르고 비행기를 타고 가면서 지도를 보니 인도차이나 반도 한가운데에 있는 작은 나라였다. 크기나 생김새가 우리나라의 충청북도 같았다. 라오스의 이미지를 보여주는 '란쌍'이라는 도시가 있다. '란쌍'이란 말은 '100만 마리의 코끼리'를 의미하는데, 그만큼 코끼리가 많다는 뜻이다.

우리가 처음으로 진료를 시작한 곳은 '탓문'이란 곳이었다. 진료를 시작하자 어디서 소문을 들었는지, 수많은 사람들이 밀려들기 시작했다. 끝을 헤아릴 수 없을 정도의 사람들이었다. 진료를 받기 위해 하룻길을 걸어오는 사람들도 있었고, 한참 떨어진 마을에서 경운기를 타고 오는데, 경운기가 미어터질 정도로 많은 사람이 올라타고 있었다.

사람들의 모습은 한결같이 찢어진 런닝 차림에 맨발이었다. 아이들은 바짝 마른 체구에 배만 불쑥 튀어나온 채로 발가벗고 돌아다니고 있었다. 어른들은 딱 보기에도 작았다. 대부분이 150~160센티미터 정도 되었다. 마치 소인국에 온 듯했다. 그들의 왜소한 체구에서 왠지 라오스의 서글픈 역사가 배어나오는 것 같았다. 작고 약한 나라! 인구가 고작 600만도 되지 않는 나라! 강대국과 이웃 나라들의 등쌀에 밀려 살아온 슬픈 역사만큼이나 사람들은 모두 애처로워 보였다. 그들은 마치 자신의 연약함을 알아달라는 듯이 몰려들었다. 그러고는 자신의 작은 아픔들까지 꺼내놓았다. 진료는 끝이 보이지 않았다.

'이런 식의 일회성 진료는 효과를 볼 수 없어. 이제부터 뭔가 새로운 선교의 방향성을 찾아내야 해.'

그것이 바로 무료진료소를 세우는 것이었다. 현지 간호사를 한명 고용하고 거기에 들어가는 인건비와 약값만 부담해도 저개발국 주민에게는 큰 효과를 거둘 수 있는 시스템이었다.

'무료진료소를 두고 나와 선교팀은 수시로 왔다 갔다 하면서 중한 환자들을 치료해준다면 훨씬 더 효율적인 선교를 할 수 있을 거야.'

그렇게 2004년 5월 최초의 무료진료소를 설치하고 '비엔티안 선한목자병원'이라 이름 붙였다. 진료소를 세우고 다시 간 곳은 '무앙 상통'이라는 곳이었다. 수도 비엔티안에서 서북쪽으로 두 시간 차로 달려야 하는 거리였다. 그곳은 1년 중 아홉 달 내내 비가 내리는데, 우리가 도착했을 때도 비가 내리고 있었다. 보이는 것은 온통 진흙 탕이었다. 진흙탕에서도 많은 사람들이 삽질을 하면서 부지런히 일하고 있었다. 그들의 손놀림과 눈빛 속에는 잘살게 될 거라는 희망이 불꽃처럼 번쩍이고 있었다.

우리 부부의 눈에는 그 모습이 안쓰럽고 불쌍해 보였지만 그래도 그 순수함만은 아름다웠다. 라오스 정부에서 우리나라의 새마을운동을 벤치마킹하고 있다는 얘기를 들었다. 우리나라 새마을운동 본부에서 라오스 간부들을 불러 교육시키고, 라오스 국민 전체를 계몽하고 있었던 것이다. 라오스와 한국! 왠지 닮은 것 같았다. 못 먹고 못살았던 시절, "잘 살아보세. 잘 살아보세. 우리도 한 번 잘 살아

보세" 희망가를 부르던 우리나라의 1960~1970년대가 눈앞에 펼쳐지고 있는 것 같았다.

'우리나라 사람들이 부르던 그 희망가가 오늘날 대한민국의 현실이 된 것처럼, 저들이 부르는 희망가도 머지않아 라오스의 미래가 되겠지!'

그러나 그 인식은 안타까운 마음으로 이어졌다. 새마을운동의 뿌리는 가나안농군학교(근로·봉사·희생의 기독교 정신에 바탕을 둔 지도자를 육성하는 사회교육기관) 아닌가? 박정희 대통령이 가나안농군학교를 보고 와서 시작한 운동이 새마을운동이라는 이야기를 잘 알고 있었다. 그렇다면 새마을운동은 기독교 신앙을 가진 한 장로의 신앙고백을 시스템화한 것이었다. 불교의 나라인 라오스가 새마을운동을 받아들였다면, 그 근본에 흐르고 있는 기독교 신앙을 받아들일 수 있지 않겠느냐는 생각이었다.

그 인식이 내 기도제목이 되었다.

'하나님! 그들이 받아들인 새마을운동에서, 가나안농군학교의 신앙 정신이 살아나게 해주옵소서. 불교의 나라인 라오스에 복음이 들어가게 해주옵소서.'

우리가 도착한 곳은 무앙상통의 작은 보건소였다. 진료를 시작하자 무섭게 환자들이 몰려들었다. 환자들이 이렇게 많을 경우에는 약을 주는 것이 관건이다. 문제는 그 많은 환자들을 내가 일일이 볼 수 없다는 것이었다. 그래서 밖에서 초진을 보고 약을 타가게 하고,

나는 차트를 보면서 중병이 될 만한 환자들을 보는 방식으로 진료를 진행했다.

그때 하나님의 섭리 가운데 만나게 된 청년이 '조이'였다. 차트를 보니 스무 살의 남자로 표기되어 있는데 증상은 '가슴이 아프다. 매일 감기에 걸린다'는 어린아이들이 겪는 가벼운 증상만 적혀 있었다. 무언가가 내 마음을 사로잡아 많은 사람들 중에서 그 청년을 주목하게 만들었다.

"이 청년을 데리고 오세요. 꼭 봐야겠습니다."

잠시 뒤, 누나라는 사람이 그 아이를 데리고 오는데, 스무 살 청년이라는 게 믿어지지 않았다. 어림잡아 4, 5학년짜리 초등학생 같았다. 통역을 통해 전해들은 누나의 말이 이상했다.

"이 아이는 병원에 가면 죽어요. 그러니까 약만 주세요. 진료는 하지 말아주세요. 약만 주시면 돼요."

'왜 저러지? 왜 진료를 거부하는 거지?'

알 수 없는 의구심이 타올랐다.

"죽고 사는 걸 그렇게 쉽게 속단하면 안 됩니다. 일단 진료부터 해봅시다."

의구심을 풀려면 강하게 나가는 수밖에 없었다. 나는 아이의 가슴에 청진기를 대보았다. 그 순간 내 귀를 의심했다. 그의 가슴에서 '그르렁 그르렁' 하는 알 수 없는 소음이 청진기를 타고 전해져왔다. '갤럽 사운드'라고 해서 말이 달릴 때 내는 말발굽 소리가 그의 심장

속에서 나고 있었다. 순간 '이 사람은 죽겠구나'라는 생각이 스쳐 지나갔다. 그런데도 마음과 다른 소리가 입 밖으로 튀어나갔다.

"이 사람은 병원에 꼭 데리고 가야 합니다."

스스로도 책임질 수 없는 말을 해버렸다. 그 마음을 알기라도 했는지, 그의 누나는 절망적인 피드백을 했다.

"가봤어요. 의사들이 죽을 거라고 했어요. 그냥 이 아이를 놔두라고 했어요. 그러니까 그냥 약만 주시고 보내주세요."

그의 얼굴은 일그러질 대로 일그러져 있었다. 광대뼈가 툭 튀어나오고 눈의 배치도 짝짝이고, 한쪽 눈은 거의 보이지도 않았다. 가슴도 튀어나와 있었다. 약을 주고 보내는 수밖에 별다른 방법이 없었다.

청년과 누나가 돌아간 후 150명의 환자를 돌보았는데도 그의 얼굴이 뇌리를 떠나지 않았다.

'다시 왔을 때 그가 살아 있을까? 이름이 조이라고 했던가?'

한국에 돌아와서도 조이 생각이 끊이지 않았다. 왠지 주님이 나에게 '이 아이를 도우라'고 명령하시는 것 같았다.

"여보! 라오스에 한번 연락해봅시다. 조이가 어떻게 됐는지 계속 걱정이 되네요."

잠시 후, 아내를 통해 조이에 관한 소식이 전해졌다.

"여보, 조이가 아직 살아 있다네요. 아직은 괜찮대요."

"정말 다행이군요. 우리 조이를 한국으로 부릅시다. 우리가 수술을 해줍시다."

결정을 하고 일을 진행하기 시작했다. 처음에는 한인회 회장이 도움을 주겠다고 해서 순조롭게 진행되는 줄 알았다. 그런데 알고 보니 조이는 출생 기록 자체가 없었다. 그래서 여권을 만들 수조차 없는 상황이었다. 누나만 넷이 있고, 아들은 조이 하나인데, 동생이 죽을 줄로 알고 출생신고를 안 한 것이었다.

한인회가 발 벗고 나서서 라오스 대사관에 부탁해 가까스로 비자를 만들어냈다. 우리는 즉시 조이를 데리러 갔다. 그의 모습은 안타깝기 이를 데가 없었다. 우리가 갔을 때 그는 소를 몰면서 풀을 먹이고 있었는데, 풀이 죽은 모습으로 터덜터덜 걷다가 열 걸음도 못 걷고, 가쁜 숨을 쉬어대고 있었다. 마치 곧 들이닥칠 죽음을 기다리고 있는 것 같았다.

'조이'의 집을 방문해 보니 그 집에 여덟 식구가 살고 있었다.

"조이를 한국에 데리고 가서 수술을 시켜주겠습니다. 비자도 만들어놓았습니다."

내 말이 끝나기가 무섭게 온 집안이 울음바다가 되어버렸다. 수술받으면 죽는다는 소리를 들었던 터라, '이제 끝이구나!' 하는 생각에 조이를 껴안고 온 가족이 하염없이 울었다. 그런데 정작 당사자인 조이는 무표정했다. 이미 작정하고 있다는 듯이, 죽으면 죽으리라는 듯이.

조이의 큰누나가 동행하기로 하고, 차를 탔다. 바로 그 순간부터 우려가 현실로 다가왔다. 차를 거의 타본 적 없던 조이는 차가 흔들릴 때마다 계속 멀미를 했다. 비행장에 도착하자 조이는 벌써 기진맥진하여 쓰러질 지경이었다.

"조이, 괜찮아?"

"보펜냥. 보펜냥!"

조이는 "괜찮아요, 괜찮아요"라는 말만 되풀이했다.

"뭐 좀 먹을래?"

"보펜냥."

"아프니?"

"보펜냥."

"좀 누울래?"

"보펜냥."

"너 그런 식으로 마냥, 보펜냥 보펜냥 하다가 죽어. 아프면 얘기를 해줘야 해."

동행한 조이의 누나 이름은 '무이'였는데, 무이 역시 "보펜냥"만 되풀이하기는 마찬가지였다.

공항에서 출국 수속을 시작하자 또 하나 문제가 일어났다. 조이를 비행기에 태우는 것이 걱정이었던 우리는 베트남 항공사 직원에게 조금이라도 편한 자리를 요청했다. 영어가 서툰 항공사 직원이 내 이야기를 듣더니 매니저를 데리고 나왔다. 매니저가 엄격한 얼굴로 말했다.

"저 아이는 비행기를 태울 수가 없습니다."

"아니, 왜요? 한국에 수술하러 가는 건데요."

"안 됩니다. 딱 봐도 죽기 직전인데, 비행기를 타고 가다 죽으면 어떡합니까? 우리 항공사에선 저 아이를 태울 수가 없습니다."

속에서 울컥 화가 일어나면서 내 목소리가 격앙되었다.

"아니, 이봐요. 이 아이는 지금 치료받으러 가는 겁니다. 당신들 민족입니다. 우리가 돕고 싶어서 치료해주겠다는 건데, 지금 무슨 소리를 하는 겁니까?"

"안 됩니다. 절대 안 돼요. 우린 책임을 질 수 없습니다."

"그래요? 그럼 항공사 본사 담당자랑 통화를 하고 싶습니다."

"그것도 안 됩니다."

"아니, 왜요?"

"지금 그곳은 잠자는 시간이라 안 됩니다."

"그게 말이 됩니까? 사람을 살리는 일에 어떻게 그런 식으로 일을 처리합니까?"

내 고집을 못 이긴 매니저가 본사에 전화를 했다. 별반 다를 것이 없는 대답이었다. 항공법을 내세우면서 죽을 것이 뻔한 '조이'를 태울 수 없다는 설명이었다.

"제가 책임지겠다는 사인을 하겠습니다. 조이가 비행기에서 죽는다면 모든 책임을 제가 지겠다고요."

내가 모든 책임을 진다는 조건으로 서류에 사인을 하고 나서야 간신히 조이를 태울 수 있었다. 비행기에 태우는 데까진 성공했지만,

조이의 상태는 우려했던 것 이상이었다. 열이 나기 시작하더니 계속 토하기를 반복했고 설상가상으로 귀에서 고름까지 나오고 있었다.

인천공항에 도착했을 때 조이는 가쁜 숨을 내쉬면서 끙끙 앓고 있었다. 공항에서는 아내가 승합차로 대기 중이었다. 처음 보는 한국이 궁금할 만도 한데, 조이와 무이는 한 번도 창밖을 내다보지 않았다.

천신만고 끝에 조이를 병실까지 데려왔지만, 조금도 긴장을 늦출 수가 없었다. 조이의 체온은 39도를 넘고 있었다. 질문을 해도 대답을 못하고, 고통 속에서 흐느끼기만 할 뿐이었다. 아픈데도 엉엉 울지도 못하고 소리 없이 눈물만 흘리는 모습을 보니 가슴이 미어지는 것 같았다.

다음 날 나는 모교인 한양대를 찾아갔다.

"도와주십시오. 좋은 일을 하려는 건데, 환자 상태가 심각합니다."

최일용 병원장이 도움을 주겠다고 선뜻 나서주었다.

"알겠습니다. 돕겠습니다. 환자를 데리고 오십시오."

우리는 조이를 데리고 한양대 의대 흉부외과 김혁 교수를 찾아갔다. 그리고 소아심장내과를 담당하는 김남수 교수와 함께 초음파 검사를 하게 되었다. 조이의 병명은 '삼첨판 폐쇄증'이었다(삼첨판은 우심방과 우심실을 연결하는 판막이며, 선천적으로 삼첨판이 생성되지 않아서 발생하는 질환이다). 심장병의 일종으로 심장의 판막이 만들어지지 않아서 심장에서 피가 뿜어질 때마다 그르렁거리는 소리가 났던 것이다.

하지만 거기서 끝이 아니었다. 삼첨판 폐쇄증도 큰 병인데 그보다 더한 문제가 있었다. 조이는 '딸라 세미아'(유전성 용혈 빈혈증)라는 적혈구가 깨지는 병을 갖고 있었는데 우리나라에는 없는 희귀병이다. 사람 몸의 적혈구는 일반적으로 3,4리터 정도이고 120일의 수명을 가지고 있다. 그런데 조이는 적혈구가 만들어진 뒤 불과 며칠 만에 깨져버리는 것이었다.

피가 부족하다보니 모든 뼈들이 피를 만드는 일만 하게 되었던 것이다. 그래서 골반이며 가슴이 짝짝이가 된 것이다. 조이의 왼쪽 눈두덩이와 광대뼈 역시 피를 만들어내기 위해서 두꺼워졌던 것이고, 그 결과로 시력이 나빠지고 얼굴이 일그러졌던 것이다. 조이의 간도 엄청나게 커져 있었다. 배가 볼록 나온 이유도 비대해진 간과 비장의 크기 때문이었다. 갈비뼈도 피를 만들어내느라 부러지기 직전이었다. 조이에게 있어서 산다는 것은 온몸에서 피를 만들어내는 것밖에 없었다.

"심장 수술이 중요한 게 아닙니다. '딸라 세미아'가 문제입니다. 이 병을 치료하는 것은 희귀한 자료가 될 겁니다. 이 병을 학회에 보고하면 좋을 것 같습니다."

"교수님, 이 아이가 죽으면 제가 조이 누나들을 볼 면목이 없습니다. 죽일 수 없잖아요. 심장수술만이라도 해주십시오."

그렇게 해서 수술이 시작되었다. 수술을 하러 간다니까 조이는 안절부절 어쩔 줄 몰라했다. '오늘이 죽는 날이구나' 하는 두려움으로 누나를 껴안고 눌러왔던 불안감들을 다 표출해내고 있었다.

"괜찮아, 죽으러 가는 거 아니야. 수술하면 살 수 있어. 하나님께서 조이를 살리시려고 여기까지 오게 하신 거야."

간신히 조이를 달래서 병원으로 갈 수 있었다.

심장수술이 시작되었다. 예전 같으면 심장을 열어야 했을 텐데, 최고의 수술 시설을 갖춘 곳이라 심장 개흉술 대신 심도자 요법(가느다란 특수 플라스틱 관을 삽입하여 진단 및 치료하는 기술)을 실시할 수 있었다. 나는 통역 담당자와 함께 수술 방에 들어갔다. 모니터 화면에 조이의 심장이 나왔다. 조이는 자기 심장이 뛰는 것을 보더니 의외로 재미있어 했다.

"저게 내 심장인가?"

신기해하더니 약이 들어가는 순간에는 이렇게 중얼거리며 잠이 들었다.

"이제 내가 죽는 거네요."

실제로 한 번 그런 위험한 순간이 오기도 했다. 심장에 풍선을 불면서 삼첨판을 찢는 순간에는 위기를 겪었지만 그럼에도 불구하고 수술은 성공적이었다.

수술의 모든 과정에서 큰 도움을 준 사람이 있었다. 라오스 대사관에서 조이를 돕기 위해 한국어에 능통한 '건타이'라는 라오스 여성을 보내주었다. 알고 보니 건타이는 한국으로 귀화한 라오스인 1호였으며, 한국에 온 지 7년이 넘은 여성으로 서른 살은 넘어 보였는데, 아세아연합신학대학교에 다니는 신학생이었다. 그녀는 처음에는 통역을 해주러 왔다가, 사정을 듣고 마음에 감동을 받아 조이를 돕기로 결심하고 우리 곁에서 통역을 해주었다.

"수술이 잘 됐습니다."

수술을 마치고 나왔을 때, 조이의 큰 누나 무이와 아내 김정신 권사가 우리를 기다리고 있었다. 수술이 성공적이라는 말에 그들은 하나같이 눈물을 터트렸다. 우리는 서로를 부둥켜안고 한참을 울었다.

'하나님, 감사합니다. 조이를 살려주셔서 감사합니다.'

눈물범벅이 된 채 우리는 하나님께 감사고백을 하고 있었다.

조이는 수술을 마치고 삼 일 후에 퇴원했다. 수술방에서 나오자마자 얼굴에 생기가 돌기 시작하더니, '좋아져도 이렇게 좋아질 수 있나?' 싶을 정도로 상태가 크게 호전되었다. 처음 도착했을 때는 엘리베이터만 타도 쓰러질 것 같았는데, 수술을 하고 나니 잘 먹고 잘 걷고 심지어 뛰어다닐 정도로 좋아졌다. 퇴원하는 날, 조이를 데리고 롯데월드에 갔다. 처음에는 구경만 해도 좋을 거라고 생각하고 갔는데 뛰어다니면서 놀이기구까지 타게 되어 아내가 쫓아다니느라 힘에 부칠 정도였다.

조이가 성공적으로 수술을 마치고 회복되고 있다는 소문이 라오스 대사관에까지 전해졌다. 당시 라오스 대사가 우리 병원을 찾아왔다. 왠지 모르게 거만해 보이는 분위기를 풍기는 사람이었는데, 대뜸 내 손을 붙잡더니 격앙된 목소리로 말했다.

"정말 고맙습니다. 라오스의 국민을 위해서 수고가 많았습니다."

자연스럽게 한국말을 구사하면서 식사하는 내내 고맙다는 말을 반복했다. 대사가 돌아간 후, 통역을 맡은 건타이가 말했다.

"저분이 한국 사람에게 고맙다고 한 건 처음 봐요. 웬만하면 식사도 거절하고, 자기의 격식에 맞지 않으면 만나지도 않는데, 이렇게 크게 감사하는 모습이 정말 놀랍네요."

조이는 거의 완벽하게 회복되었다. 삼첨판이 낫고 피가 잘 통하게 되니까 적혈구가 깨지는 희귀병도 사라졌다.

며칠 후 나는 조이와 라오스로 향했다. 건강한 모습으로 나타난 조이를 보자 눈물 없이는 볼 수 없는 광경이 벌어졌다. 그의 누나들은 다시는 못 볼 줄 알았던 동생이 돌아오자 눈물과 콧물이 범벅이 될 정도로 서로 부둥켜안고 기쁨과 감격의 눈물을 흘렸다.

일 년이 지나 의료선교를 위해 다시 라오스에 갔을 때 조이를 보기 위해 그가 다니는 학교에 갔다. 학생들은 이미 조이의 기적 같은 이야기를 알고 있었던 모양이다. 우리 의료선교 대원들이 운동장에 들어서자 전교생이 일렬로 서서 반갑게 맞이해주었다. 조이는 아이들과 축구를 할 정도로 회복되어 있었다.

나는 조이의 회복을 지켜보면서, 의술 철학에 대한 확고한 입장을 가지게 되었다. 솔직히 나조차 조이가 회복될 거라고 확신하지는 못했다. 수술이 잘되어도 희귀병은 해결할 수 없을 거라고 생각했는데 완벽하게 회복된 것이다.

"의술이란 무엇이고, 의사란 무엇일까?"

스스로 묻고 나름의 결론을 내렸다.

"의사란 하나님의 창조 메커니즘에서 벗어난 인간의 신체를 하나님의 메커니즘에 가장 가깝게 가져다놓고 기다리는 사람이 아닐까? 인간의 DNA에 하나님께서 넣어두신 자의적 치유 능력을 전적으로 신뢰해야 하는 사람이 아닐까?"

하나님은 인간에게 강한 생명력을 허락하셨다. 그 생명이 살 수 있는지 없는지는 의사가 아니라 하나님이 아신다. 나는 동료 의사들의 도움으로 조이의 막힌 곳을 뚫어주었을 뿐이다. 그리고 기다렸을 뿐이다. 그다음에 잘 회복된 것은 의술이 한 것이 아니다. 조이 몸 안에 본래 들어 있던 '생명의 원리'가 그를 회복시켜낸 것이다. 하나님께서 넣어두신 생명의 원리, 그것이 조이를 걷게 하고 뛰게 했던 것이다. 거기에 나의 작은 노력과 기다림이 하나님의 승리와 영광으로 나타나게 된 것이다.

열매가
또 다른 열매로

라오스 대사관과 친분이 생기면서 우리는 라오스에 들어가는 일이 한결 쉬워졌다. 대사관에서 알아서 비자를 발급해주었기 때문이다. 그런 과정에서 라오스 대사의 부인과 친해질 수 있었다.

그녀는 때만 되면 우리 부부를 대사관으로 초청해서 함께 식사도 하고, 패션쇼를 보여주기도 했다. 라오스의 후임 대사 역시 그들로부터 우리 이야기를 듣고 가까이해주었다. 한번은 라오스 대사의 부인이 자신의 조카를 데리고 아내인 김정신 권사를 찾아왔다.

"미세스 김! 라오스에 사는 제 조카 '아화'라고 합니다. 어릴 때 심한 화상을 입고, 자라면서 당한 교통사고까지 겹쳐서 턱이 비틀어지고, 이빨도 다 빠졌습니다. 기특하게도 조카사위가 자기 아내를 살리겠다고 수술비를 마련해줘서 한국에 보냈는데, 성형수술에 실패하여 돈만 날리고 말았습니다. 도와주세요."

딱한 사정이었다. 아화는 이미 한국에 온 지 두 달이 되었고, 가장 먼저 성형외과를 찾아갔다고 한다. 그런데 그곳에서 턱 수술부터 받고 오라는 것이었다. 별 수 없이 아화는 대학병원을 찾아가 턱 수술을 받았다. 준비해간 돈은 천만 원인데, 턱 수술에만 800만 원이 들었다. 그러고는 다시 성형외과를 찾았는데, 수술비가 천만 원이라는 것이다. 남은 돈은 200만 원뿐이니 방법이 없었다. 라오스의 대사인 께올라 씨의 부인이 우리를 생각해낸 것은 자연스러운 수순이었다. 가여운 상황에 처한 조카를 도울 수 있는 방법이 달리 없었던 것이다.

대사 부인이 한숨을 내쉬며 말했다.

"남편은 이 아이가 입이 다물어져서 돌아오길 기다리고 있어서 지금 상태로는 남편에게 돌아갈 수가 없다고 합니다."

대사의 조카를 보니, 라오스의 전형적인 순박한 여자였다. 입술이 아래에서 잡아당겨지고 있어서 인디언들처럼 윗입술과 아랫입술을 두툼하게 벌리고 있는데, 얼굴이 왼쪽 어깨에 붙어 있었다. 오른쪽 팔마저 겨드랑이부터 팔뚝까지 접혀 달라붙어버린 상태였다. 자세히 보니 턱에도 피부가 없었다. 목에서 가슴까지의 거리가 너무 짧은 것이 원인이었다. 아무리 보아도 성형수술로는 해결될 문제로 보이지 않았다. 나이는 마흔 정도 되어보였는데 남편이 아내 수술을 위해서 집이며 땅까지 팔아서 우리나라 돈으로 천만 원가량을 쥐어주고 한국에 보낸 것이었다. 라오스에선 엄청나게 큰 돈이었다.

"제가 수술해줄 테니 받으시겠습니까?"

"정말요? 그렇게 해주신다면 너무 감사하지요!"

그렇게 해서 수술을 해주기로 했지만, 당시로서 어마어마하게 큰 수술이었다. 턱은 일차로 수술한 상태였지만 화상으로 붙어 있던 턱을 떼어내고 보니 피부가 부족해 입이 닫히지 않았다. 나는 도움을 줄 성형외과를 찾아보려 했지만 도와줄 병원이 없었다. 문제는 '피부를 어디에서 끌어오느냐'였다.

고민 끝에 내가 찾은 해법은 피판이식술이었다. 등부터 어깨, 턱에 이르는 150제곱센티의 피부를 떼어내 돌려서 앞쪽으로 이식하는 수술이었다. 그런 다음 없어진 어깨와 등쪽에는 사타구니와 허벅지에서 피부를 떼어내 한 번 더 이식을 해주었다. 그리고 턱 부분을 다시 만들어주었다.

수술은 다행히 성공적이었다. 아화는 매일 거울을 보며 회복되기를 기다렸다. 그런 다음 오른쪽 팔의 겨드랑이와 팔꿈치에 붙은 부분 또한 다 떼어내고 피부이식을 하는 과정을 통해 팔을 펼 수 있게 해주었다. 그러자 어깨라인이 바뀌고 턱이 살아나더니 마침내 입술이 닫히기 시작했다. 아화는 몹시 기뻐했다.

"이제는 남편에게 돌아갈 수 있게 되었어요."

아화는 한 달 반을 입원하며 여러 차례 수술을 받고 라오스로 돌아갔다. 그리고 건강하게 잘 살고 있다는 소식을 전해왔다.

아화가 한국에 있는 동안 나는 그녀를 위해 수없이 기도했다. 수술 전과 마찬가지로 수술 후에도 온전히 치유되기를 소망했다. 그러나 내가 정작 원했던 것은 아화에게 복음이 들어가는 것이었다.

"아화! 당신의 남편이 라오스에서 건강해진 얼굴로 돌아오기를 간절히 바라고 있듯이, 하나님은 아화의 속사람에 하나님의 생명이 들어가 주름 잡힌 영혼이 활짝 피어나기를 간절히 바라고 계세요."

2013년 8월, 라오스를 오가면서 알게 된 한 선교사님으로부터 아내에게 연락이 왔다. 선교사님은 라오스에서 불우한 청소년을 대상으로 사역을 하고 있었는데, 축구선수로 활약하고 있는 두 청년이 수술이 필요하니 도와달라는 것이었다.

"권사님! 당장 라오스 대표선수로 출전해야 하는데, 부상 후 수술을 받지 못했습니다. 장래가 촉망되는 선수들입니다. 도와주실 수 있는지요?"

2013년 9월 그렇게 '랑'과 '뚜' 두 형제는 한국행 비행기에 몸을 실었다. 진단해 보니, 두 사람 모두 십자인대 파열이어서 바로 수술을 했다. 두 형제가 나란히 누워 서로를 의지하고 위로하며 회복되는 모습이 어찌나 정겹던지, 그들의 형제애와 순수함이 더 큰 보답처럼 여겨졌다.

더 감사한 것은 언어가 통하지 않는데도 불구하고 하루도 빠짐없이 아침 직원 예배를 함께 드리는 것이었다. 그들은 알지도 못하는 찬양을 따라하고, 기도할 때면 진지하게 몰두했다. 수술에 대한 예의를 보이는 걸로 생각할 수도 있지만, 그들의 진지하고 순수한 모습 속에는 한량없이 크신 하나님의 사랑이 넘쳐나고 있었다.

　두 형제는 2개월간 병원에서 우리와 함께 지내며 물리치료와 특수 재활치료를 받아 정상에 가까운 상태로 호전되었다. 라오스로 가기 전날 두 형제가 아내에게 한 가지를 제안했다.

　"떠나기 전에 감사한 마음을 전하고 싶습니다. 원장님과 권사님께 감사하고, 하나님께 감사합니다. 내일 아침예배 때 감사의 찬양을 드리고 싶습니다."

　다음 날 아침, 두 형제는 기타를 들고 우리를 바라보았다.

　"병원장님과 권사님, 간호사님들과 치료사님들의 사랑을 느꼈습니다. 정말 감사합니다. 그 사랑에 보답하는 마음으로 라오스에서 열심히 축구를 하겠습니다. 그리고 축구를 통해 하나님을 전하는 선수가 되겠습니다."

　그들의 찬양이 시작되었다. 알아들을 수 없었지만, 하나님 안에서 인종과 언어를 뛰어넘는 형제 됨을 누릴 수 있었다. 감격의 눈물이 흘러나와 찬양의 끝을 맺을 수가 없었다. 우리는 서로 안아주며 축복해주었다.

　그들 중 한 사람은 인천 아시안 게임에서 라오스 대표선수로서 활약하는 모습을 TV에서 볼 수 있었다. 그는 언제 십자인대가 파열되었냐는 듯, 푸른 잔디밭을 펄펄 뛰어다니고 있었다. 그 장면을 보며 얼마나 감사하고 황홀했는지 모른다. 내 두 손을 통해 일하시는 주님을 찬양하면서 마음으로 기도했다.

'하나님, 감사합니다. 이 두 손을 주님께 드립니다. 주님의 생명을 전하고 사랑을 나눠주는 거룩한 손이 되게 해주옵소서.'

여름 선교를 다녀온 어느 날, 키가 작고 통통한 동남아인 한 사람이 찾아왔다. 표정이 상당히 고통스러워 보였다.

"어디가 아파서 왔습니까?"

"라오스에서 온 교환 교수입니다. 엉덩이가 너무 아파서 왔습니다. 잘 치료받을 수 있는 병원을 물었더니, 선한목자병원에 가보라고 해서 왔습니다."

환자는 엉덩이가 세 개로 보일 만큼 항문 부분이 심하게 부어올라 있었다.

"아니 어쩌다가 이 지경까지 됐습니까?"

"한국 사람들이 '뜨듯한 사우나에 가서 지지면 낫는다'고 해서 그렇게 했더니 이렇게 부어올랐어요. 아파 죽겠습니다. 전에 라오스에서도 이런 일이 있어서 치료를 받곤 했는데, 하필 한국에 와서 더 심해지고 말았습니다."

외모를 보면 교수보다는 외국인 근로자 같았다. 그러나 겉보기와 달리 '싸이차이' 교수는 라오스 최고 대학의 엘리트 교수였다.

"저, 원장님 제가 수술비를 낼 형편이 못 됩니다."

딱한 생각이 들었다. 의지할 곳 없는 이국땅에서 극도의 고통을 느끼다가 우리 병원을 찾아온 사람을 외면할 수 없었다. 게다가 고통스러움을 무안한 미소로 애써 바꾸고 있는 모습이 측은하게 느껴졌다.

"그렇군요. 알겠습니다. 제가 수술을 해드리겠습니다."

수술을 하자 엉덩이에서 1.5리터가량의 고름이 쏟아져 나왔다. 하도 신기해서 그 많은 양의 고름을 찍어놓기까지 했다. 수술실 안에 노란 대장균 냄새가 진동을 했다. 병명은 치루였다. 치루는 고름만 뺀다고 끝이 아니다. 그는 전에 두 번이나 치루 수술을 받았는데, 고름만 빼는 수술을 받은 것이 문제였다. 항문에서 엉덩이까지 길이 뚫려 있는데, 그 길을 통해서 털이 자란다. 그 길이 곪으면 또 반복되는 병이 치루이다. 치루를 완전히 제거해주는 근치수술을 해주어야 했다.

고름이 잡힌 구멍에 파란색의 약을 집어넣고, 프로브라는 철사를 넣어 개불처럼 생긴 지저분한 치루관 전체를 통째로 제거해내는 수술을 했다. 그렇게 해서 치루를 완전히 제거할 수 있었다.

그 후 싸이차이 교수가 우리를 라오스에 초청했고, 라오스에 갈 때마다 한 번씩 만나는 사이가 되었다. 내가 라오스 선교를 통해 얻은 깨달음은 열매가 또 다른 열매로 이어진다는 것이다.

'조이'가 통역하는 '건타이'로, 거기서 '라오스 대사'와 '아화'로, '랑'과 '뚜' 그리고 '싸이차이'로 연결되었다. 나는 그들에게 전해진 것이 단순한 의술이 아니라, 그리스도라고 믿는다. 그들 안에 심긴 그리스도의 씨가 또 다른 열매들로 이어져 라오스에 그리스도의 푸른 계절이 도래할 줄로 믿는다.

네팔의 소망이
자라는 곳

2004년, 50세쯤 되어 보이는 인상 좋은 한 남자분이 우리 병원을 찾아왔다. 딱 보아도 만성이 되어버린 통풍결절(痛風結節, 통풍에서는 요산염이 조직, 특히 관절 주위, 연골에 침착하여 조직을 파괴하고 염증성 변화를 초래하여 결절상으로 된 것을 말한다)증 환자였다. 발목과 팔꿈치에 혹 같은 덩어리가 있었다. 그는 네팔에서 선교 사역을 하는 이해덕 선교사님이란 분으로 한눈에 보아도 좋은 사람이라는 것을 알 수 있었다.

"제가 이런 걸 붙이고 다닙니다. 허허허."

멋쩍게 웃으며 돌처럼 굳어버린 덩어리를 보여주었다.

"이게 아픕니다. 치료 좀 해주십시오. 허허허."

말투나 표정을 보면 전혀 아픈 사람 같지 않았다. 그러나 의사의 눈에는 그 웃음이 참 안타깝고 슬퍼 보였다. 웃고 있지만 사실 말로 표현하지 못할 고통이 있음을 잘 알기 때문이다. 얼마나 오랫동안 속을 썩인 덩어리인지, 단단해져서 전신마취를 할 수 없었다. 그래서 간단히 마취하고 수술을 할 수밖에 없었다.

수술하는 내내 선교사님은 간증을 늘어놓았다. 극심한 고통이 느껴질 텐데도 여전히 "허허허" 웃으시면서 감상에 젖어 선교 이야기를 하셨다. 마치 이 세상 사람이 아닌 것 같고, 세상이 두렵지 않은 분 같았다.

"아이고, 이제 어떡하나? 우리 아이들이 이 덩어리를 만지면서 좋아했는데, 이게 없어지고 나면 서운해할 것 같아요."

그 이야기를 들으며 발목과 팔꿈치에 붙어 있던 종양을 떼어냈다. 수술 후에 더 자세한 이야기를 들을 수 있었다.

"원장님! 저는 뒤늦게 신학을 하고 하나님의 부르심을 따라 네팔 치트완의 고아원으로 갔습니다. 고아원을 하려면 내 아이가 없어야 할 것 같아서 아이를 안 낳으려고 수술을 했습니다. 네팔은 희망이 없는 곳입니다. 유일한 희망이 아이들이에요. 아이들이 예수님을 만나 새로워지는 길만이 네팔의 희망입니다. 처음에 선교사가 고아원을 한다니까, 마을 사람들 사이에 별별 흉흉한 소문이 다 돌았어요. 허허허! 글쎄 제가 아이들 장기를 팔아먹는다는 말이 돈 겁니다. 마귀가 음해를 했던 것 같아요. 지금은 그런 오해는 다 풀렸습니다."

사실 나는 선교사님이 간증을 하기도 전에 이미 그의 인품과 신앙에 감동되고 있었던 터였다. 그래서 선교사님이 계시는 마을에 보건소가 필요하다고 했을 때는 이미 도울 준비가 다 되어 있었다.

그렇게 해서 네팔에 선교대원을 이끌고 선교사님이 운영하는 고아원을 찾아갔다. 도착해서 아이들을 보자마자 눈물이 핑 돌았다. 갓난아기부터 십대 소년들까지 300명이나 되는 아이들이 좁은 공간에서 생활하고 있었다. 고아원을 시작할 때는 얼마 되지 않았는데, 사람들이 아이들을 고아원에 버려두고 가면서 100명, 200명, 300명까지 늘어나고 있었다.

치트완은 네팔의 수도인 카트만두에서 산길로 6시간을 달려야 하는 오지 마을이었다. 고아원에 있는 식탁들을 붙여놓고 진료를 시작하자, 사람들이 구름 떼처럼 몰려들었다. 그런데 특이하게도 놀부의 혹처럼 생긴 덩어리를 달고 오는 환자들이 많았다. 바닥에 포를 하나 깔아놓고 툭 찌르기만 해도 고름이 쏟아져 나왔다. 간단한 소독기와 약만 있어도 금방 치료할 수 있는 환자들이 넘쳐났다. 그런데도 그 간단한 수술조차 할 수 없는 주민들은 고름 덩어리를 달고, 열이 펄펄 나는 채로 살고 있었다.

어떤 환자는 코뿔소에 받쳐서 팔이 덜렁거리는 상태로 왔다. 팔이 빠져서 오랫동안 움직이지 못하는 환자, 복수가 가득 차서 배불뚝이 같은 아이들, 종양을 가진 환자, 심지어는 암을 가진 아이도 있었다. 2박 3일간 진료와 시술을 했지만, 그건 어디까지나 임시방편에 지나지 않았다. 역시 보건소 설립이 해답이었다.

보건소를 세운 지 2년이 지난 후에 다시 한 번 치트완에 들렀다. 네팔간지(네팔 남서부의 도시)에 가는 길에 잠시 들렀던 것이다. 전에 왔을 때와 비교해서 어떤 변화가 있는지 궁금했다. 놀랍게도 고아원과 선교사님에 대한 동네 사람들의 인식이 호의적으로 바뀌어 있었다. 무엇보다 보건소에서 약을 주니, 수술할 일이 거의 없어졌다는 것이다.

우리가 치트완에서 머물렀던 짧은 시간 동안 또 하나의 섭리적인 만남이 있었다. 보건소에는 지난 2년간 남자 간호사 한 명을 키우고 있었다. 산토스라는 20대 중반의 아주 성실한 젊은이였다. 그는 이제 갓 결혼을 한 신혼이었다. 간단한 소개를 마치고 우리는 이튿날 일정대로 네팔간지로 갈 계획이었다. 주일 새벽예배를 드리고 떠날 준비를 하는데, 위급한 상황이 발생했다.

"원장님! 산토스의 아내가 위독합니다."

새벽예배 때 산토스가 보이지 않아서 이상했는데 이유가 있었다. 아버님과 함께 달려가 상태를 보니, 한눈에도 산토스의 아내는 자궁 외 임신으로 나팔관이 터졌을 것으로 추측되었다. 얼굴이 노랗게 변해 있었고 맥박도 잘 잡히지 않았다. 혈압도 60에서 40으로 떨어져 있었다. 우리는 급히 수액을 놓아주고, 다리를 높여주며 응급처치를 했다. 그러고는 차에 태워 시내 병원으로 보냈다. 15분만 늦었어도 그녀는 생명을 잃었을 것이었다. 가슴을 쓸어내리며 선교사님이 말씀하셨다.

"정말 다행이에요. 하나님께서 장로님을 예비해주신 거예요. 산토스는 우리 보건소에 정말 없어서는 안 될 간호사이고, 학교와 아이들까지 돌보는 귀한 사람입니다. 장로님이 떠나시는 날 이런 일이 일어나서 생명을 건졌네요. 정말 감사합니다. 허허허."

치트완의 이해덕 선교사님을 떠올릴 때면 그리스도의 심장이 느껴진다. 치트완은 네팔 시골 중에서도 가장 외진 곳 중 하나다. 카트만두의 국왕이 일 년에 단 한 번 사냥을 하기 위해 오는 곳이라니 얼마나 외진 지역인지 알 수 있다.

가끔씩 마을에 코뿔소가 나타나기도 하고, 산짐승들이 사람까지 잡아먹는 일도 적지 않게 발생했다. 고아원 근처에는 아예 전기가 들어오지 않았다. 네팔이 히말라야 지역이라 추운데, 치트완은 인도 쪽과 연결되어 있어 무척 더웠다.

인근에 국빈이 사냥하러 올 때 묵는 아주 좋은 호텔이 있었다. 나는 그곳에 하루 묵은 적이 있는데 호텔인데 에어컨도 없고, 시원한 물도 없었다. 게다가 침대 머리맡마다 귀신 형상이 붙어 있었는데, 뱀의 형상이 제일 많았다. 도저히 누워서 잠을 잘 수가 없는 곳이었다.

네팔에는 3억 3천의 신이 있다고 한다. 인구의 열 배가 넘는 우상을 섬기고 있는 셈인데, 심지어 '발의 신, 귀의 신, 코의 신' 이런 식으로 얼굴을 낱개로 분해해서 신을 섬기고 있을 정도였다. 네팔은 도시 전체에 매캐한 냄새가 배어 있다. 사람들은 얼굴에 '띠까'라고 하는 빨간 점을 찍고 쌀을 붙이고 다니는데, 그 모습이 내 눈에는 마치 귀신 들린 사람처럼 보였다. 치트완 방문 진료 중에 누가 보아도 귀신 들린 것처럼 보이는 아이가 있었다. 그 아이가 나를 쳐다보았을 때 나도 모르게 이런 말이 튀어나왔다.

"네 안에 귀신이 있구나!"

그러자 그 아이는 씩 웃더니 내 쪽을 향해 침을 뱉었다. 눈빛에선 냉소가 흘러나왔다. 그런 아이들이 네팔은 물론이고, 치트완 도처에서 눈에 띄었다. 그곳에 갈 때마다 어김없이 머리가 어지럽고 병을 앓는 대원들이 생겨나곤 했다. 진료를 하는 우리가 머리가 깨질듯이 아프고 어깨가 무거워 금방 피로해지곤 했다. 뭔가 무거운 것이 찍어 누르는 것 같은 영적인 압박이 늘 느껴지는 곳이었다.

'네팔은 어딜 봐도 소망이라고는 찾아볼 데가 없구나.'

그게 내 마음이었다. 그런 지역에 선교사로 간다는 것은 보통 마음으로 결단할 수 있는 것이 아니다. 자격 조건이 있다면 단 한 가지, 자식이 없어야 가능하다. 자식에게까지 그런 고생을 물려주고 싶은 부모는 없을 것이기 때문이다. 이해덕 선교사는 고아원 이름을 '소망의 집'이라 지었다.

"원장님, 제가 새벽 네 시에 주님의 이름을 부르면서 기도합니다. 우리 아이들이 얼마나 기도를 많이 하는 줄 몰라요. 고아들이지만 하나님의 군대로 자라나고 있답니다. 허허허."

나는 그 모습을 보면서 네팔의 소망이 '소망의 집'이라는 생각이 들었다. 그 아이들이 자라 네팔의 영적인 압박을 이겨낼 것이다. 3억

3천의 귀신들을 몰아내고, 그리스도의 푸른 계절이 네팔에 오게 할 것이다. 현재는 100명이 더 늘어 400명의 소망들이 그곳에서 자라고 있다.

네팔 치트완의 의료선교활동 중 빼놓을 수 없는 또 하나의 만남이 있다. 이해덕 선교사가 운영하는 고아원 안에 학교가 있는데, 그 학교의 가겐드라 교장과 비멀라 사모와의 만남이었다. 당시 30대 후반의 가겐드라 교장은 한국의 외국인 근로자 출신으로 한국어 구사 능력이 뛰어났다. 그의 첫인상은 친근했고, 고아원과 학교에 정성을 다하는 모습이었다. 2005년 9월 두 번째로 치트완에 갔을 때 그가 나에게 조심스럽게 말했다.

"선생님, 제 아내가 허리 통증을 호소하는데 한번 봐주시겠습니까?"

"허리 디스크군요. 아주 심합니다. 수술을 하는 게 좋겠습니다."

"아, 그렇군요."

말끝을 흐리는 가겐드라 교장의 모습에서 망설임과 아쉬움이 전해져왔다. 한국 선교사를 도와 헌신적으로 사역하는 그의 모습을 유심히 지켜봤던 나와 아내는 그 부부를 돕고 싶다는 생각이 들었다.

"교장 선생님, 한국에 와서 수술을 하는 게 어떻겠습니까? 병실은 저희 병원을 이용하면 됩니다. 제가 수술을 받으실 수 있도록 돕겠습니다."

"아닙니다. 약을 주시고 증상을 봐주신 것만 해도 감사한데요. 그렇게까지 하실 필요는 없습니다."

"괜찮습니다. 하나님께서 선생님을 도우라는 마음을 우리에게 주시네요."

"정말 그래도 되겠습니까?"

2005년 11월 우리 부부는 비멀라 사모가 한국에서 치료받을 수 있도록 경비 일체를 지원했다. 최용기 원장이 헌신적으로 수술을 담당해주었고, 결과는 아주 성공적이었다. 늘 통증을 호소하던 비멀라가 말끔히 낫자 부부는 새로운 세상을 만난 듯이 좋아했다.

그런데 우리의 작은 관심이 생각지도 못했던 선교의 결실로 연결되었다. 2007년 어느 날 네팔에서 전화가 왔다.

"원장님, 안녕하세요? 가겐드라입니다."

"교장 선생님이 어쩐 일이십니까? 사모님의 허리는 괜찮고요?"

"아주 좋습니다. 아내를 고쳐주신 은혜를 정말 잊을 수가 없습니다. 그 일이 저희 부부에게 인생의 전환점이 됐습니다. 참, 내년에 제가 한국을 가려고 합니다."

"오! 그러세요? 무슨 일 때문이죠?"

"신학교에 가려고 합니다."

"예?"

정말로 이듬해 가겐드라 선생 부부는 한국을 찾았다. 협성대 목회학 석사과정에 입학한 그는 3년간의 신학 공부를 마치고 네팔의 나랑가드라는 곳으로 가서 신학교를 세웠다. 나는 그 신학교가 '소망의 집'과 함께 네팔에 주어진 또 하나의 소망이라 믿는다. 네팔을 새롭게 하는 힘은 물질이나 돈이 아니다. 아마도 네팔에 물질이 흘러들어간다면, 그 물질은 우상의 제물이 되어버릴 것이다. 네팔의 회복은 영적인 회복을 통해 이루어질 것이다. 가겐드라 교장이 세운 신학교에서 엘리야와 같은 하나님의 사람이 나오고, 그들이 3억 3천의 우상들을 몰아내는 날이 오게 될 것이다.

"여보, 정말 하나님께선 작은 배려를 통해 엄청난 일을 하시는 것 같아요."

"그러게. 씨를 뿌리는 것은 우리의 일이지만 백 배 천 배 키워주시는 건 주님이시네!"

주님이
아신다

선교를 다니면서 힘든 일도 많았지만, 특별히 감동과 낭만으로 기억
되는 일들도 있었다. 네팔은 히말라야 산맥을 따라 남쪽에 있다. 서
쪽은 파키스탄이고, 동쪽은 인도와 붙어 있다. 네팔간지는 네팔의
남서부에 위치한 도시이다. 이곳에서 사역하는 선교사들이 진료를
부탁해와서 병원 식구들과 아버님, 동생 그리고 우리 가족까지 총
열네 명이 그곳으로 떠났다.

네팔간지는 오지 마을이어서 차로 들어가기 전에 먼저 비행기를
대절해서 타고 가야 했다. 우리가 탈 비행기는 프로펠러를 단 오래
된 구형이었다. 승무원들이 솜을 나누어주면서 귀를 틀어막으라고
할 정도로 소리가 시끄러웠다. 그리고 사탕을 주는데 기압차를 극
복하기 위해 자주 침을 삼키는 데 사용하라는 것이었다.

해가 뉘엿뉘엿 지고 있을 때 우리는 비행기에서 내렸다. 거기서부터 다시 두 시간을 걸어야 했다. 얼마나 걸었을까? 사방이 금세 암흑으로 변해버렸다. 그날은 별빛 하나 없었다. 우리는 의약품을 둘러메고, 손전등 세 개에 의지해 어둠 속을 걸었다. 그런데 걸을 때마다, 뭉텅뭉텅한 덩어리들이 발에 밟혔다. 자세히 보니 소똥이었다. 어릴 때 동네마다 소똥들이 지뢰처럼 널려 있어서, 그걸 모르고 밟으면 공부 잘한다고 좋아했었는데, 선교지로 향하는 곳에 널린 소똥들은 한국에서 본 것과는 크기부터 달랐다. 몇 톤이나 나가는 버팔로의 똥인지라, 밟을 때마다 신발까지 푹푹 들어갔다.

깊은 밤이 되어서야 우리는 마을에 도착했다. 그 마을에서 가장 고급스런 2층짜리 주택이 우리에게 제공되었다. 외국에서 진료를 온다고 하니, 마을 사람들이 급하게 지은 집이었다. 알고 보니 집의 재료는 우리가 실컷 밟고 왔던 바로 그 소똥이었다. 조금 전까지 밟고 온 소똥이 집이 되어 있었다. 급조해서 지은 집이긴 했지만, 소똥은 이미 마른지라 냄새는 나지 않았다. 다만 마른 소똥 가루들이 날아다녀서 숨을 쉴 때면 그 가루가 콧속으로 들어가는데, 절로 웃음이 나왔다.

"와! 소똥이 발에도 밟히고 코로도 마시고 잠을 잘 집도 되는구나! 여기는 소똥 천지야!"

실제로 소는 그 마을 사람들에게 신이었다. 잡아먹지 않는 것은 물론이고, 신의 똥으로 지은 집을 가장 소중하게 여기고 있었다. 대부분의 마을 주민들은 닭집에서 생활을 하고 있었다. 그러니까 우리는 최고급 집에서 잠을 잔 것이었다. 집 안에 들어가니 후덥지근한 열기가 올라왔다. '이것도 낭만'이라는 생각을 하면서 잠을 청했다. 평생 그토록 많은 모기에게 피를 빨려본 밤은 없었다. 하지만 소똥 속에서 잠을 자본 경험이 감사했다.

아침이 되자 진료가 시작되었다. 그런데 찾아오는 환자들은 대부분 아이들이었다. 그것도 비슷한 질병을 겪고 있었다. 귀에서 고름이 나는 '외이도염'이었다. 아이들 모두 한결같이 콧물을 흘리고 귀에서 고름이 났다. 가지고 갔던 면봉이 금세 바닥을 드러내고 말았다. 개인적으로 가지고 있던 면봉까지 바닥이 났는데도, 동일한 질병을 앓는 아이들이 끊이지가 않았다.

'왜 이렇게 고름이 많을까? 무슨 이유가 있을 텐데….'

나는 잠시 주변을 돌아보았다.

'아이들이 놀 곳이라곤 개천밖에 없는데.'

나의 발길은 자연스레 개천으로 향했고, 역시나 거기서 문제의 원인을 발견할 수 있었다. 소똥이었다. 개천 위에서 소가 똥을 싸고 있는데 그 밑에서 아이들이 놀고 있는 것이 아닌가.

"또 소똥이야! 저러니 다 외이도염에 걸렸지!"

'이곳에도 보건소가 필요하구나!'

진료를 며칠 더 하고 싶었지만, 80세가 넘은 아버님이 걱정되었다. 과로를 하신 탓에 안색이 안 좋아 보이셨다. 아쉬움이 있었지만 그곳에 보건소를 세우기로 하고, 돌아오기로 결정했다. 들어갈 때는 소똥을 밟으면서 갔는데, 나올 때는 버팔로 소가 끄는 수레를 타고 나왔다. 소똥으로 시작해서 소로 끝나는 선교였다.

"이런 오지에 돈을 준다고 해도 누가 오겠니? 선교니까, 하나님께서 시키시는 일이니까 오는 거지. 하지만 정말 쉽지 않구나! 여기에 우리가 지나간 흔적이나 남겠나?"

돌아오는 버스 안에서 아버님이 말씀하셨다. 사실 내 가슴속에서 올라오는 소리이기도 했다.

'정말 씨 한 알 뿌리는 것만큼 티도 나지 않는 막연한 것이 아닐까? 우리가 이런다고 누가 알아주기나 할까?'

바로 그때였다. 함께 동참한 두 아들, 사무엘과 다니엘이 달리는 버스 안에서 창문 너머를 가리키며 말했다.

"와! 저길 보세요."

창문 밖으로 우리의 시선이 일제히 모아졌다. 그곳에는 놀라운 광경이 펼쳐지고 있었다. 20~30미터가 넘는 아름드리 나무들에 반딧불이 한 그루도 열외가 없이 반짝반짝 빛나고 있었다. 그 장면은 크리스마스트리에 걸린 전구 같았는데, 도시에 있는 사람이 만든 트리와는 비교조차 할 수 없이 아름다웠다.

'지독히도 불쌍한 환자들, 조금만 더 봐달라고 조르던 사람들을 남겨두고 오는 것이 아쉽고 미안했는데…. 여전히 아이들 귀에서는 고름이 나올 것이고, 우리는 아무 흔적도 남기지 못한 선교라고 생각했는데 주님이 아시는구나. 온 세상이 몰라줘도 하나님께서 우리를 아시는구나. 그래서 저렇게 반딧불들을 모으셔서, 우리에게 용기를 주시는구나. 너희들의 작은 헌신이 이 세상에 어둠을 밝혀주는 빛이 될 거라고 말씀해주시는 거구나!'

누가 먼저랄 것도 없이 우리 입에서 절로 찬양이 흘러나왔다.

주 하나님 지으신 모든 세계

내 마음속에 그리어볼 때 하늘의 별

울려퍼지는 뇌성 주님의 권능 우주에 찼네

주님의 높고 위대하심을 내 영혼이 찬양하네

주님의 높고 위대하심을 내 영혼이 찬양하네

_찬송가 79장 〈주 하나님 지으신 모든 세계〉

하나님의
보폭을 따라

2008년 7월, 우리는 네팔의 '쩌프러마리'라는 곳에 선교를 갔다. 이 지역은 네팔의 동남쪽에 위치한 곳으로 인도와 가까운 곳이었다. 한국에서 여행사를 하는 네팔인 케이피라는 사람이 자기 고향에는 아픈 사람들이 많은데, 의사가 한 번도 와본 적이 없다고 우리에게 도움을 요청해왔다.

쩌프러마리 선교를 떠나면서 나는 가장 힘들었다. 왜냐하면 당시 암 투병중이시던 아버님을 한국에 두고 가야 했기 때문이다. 위독하신 아버님을 두고 가는 것이 마음을 무겁게 했고, 의지할 만한 아버지가 선교에 함께하시지 못한다는 것에 중압감을 느끼기도 했다.

전세 비행기로 병원 직원들과 '일람'이라는 곳에 내려서 차를 타고 두 시간을 달리는데, 꾸불꾸불한 길을 한도 끝도 없이 올라갔다. 그곳은 산동네였는데 오지도 그런 오지가 없었다. 만지기만 해도 부정이 탄다고 천대받는 '불가촉 천민'이라고 불리는 사람들이 모여 사는 네팔에서도 최하 극빈층 주거지역이었다.

마을회관에서 진료가 시작되자 사람들이 줄을 서기 시작하는데, 모두가 맨발이었다. 신발을 신고 있는 사람이 한 사람도 없었다. 한 여자아이가 다가왔다. 10대 초반처럼 보이는데, 실제 나이는 열일곱 살이라고 했다. 아이는 얼굴을 수건으로 동여매고 있었는데 나를 똑바로 쳐다보지도 못하고, 옆으로 힐끗힐끗 보며 머뭇거리고 있었다.

"왜 얼굴에 수건을 두르고 있니?"

아이는 여섯 살 때 화상을 입은 후로 한 번도 수건을 푼 일이 없다고 했다. 얼굴을 싸맨 수건을 벗기게 했다. 수건 속의 여자아이의 얼굴은 처절할 정도로 일그러져 있었다. 턱과 턱밑 쇄골이 붙어 있었다. 화상 관리가 안 돼서 턱과 어깨가 붙어버린 것이다. 부모가 옆에서 눈물을 흘리면서 절규하듯 말했다.

"우리 딸이 너무 불쌍합니다. 한 번도 밖에 나간 적도 없이, 10년 넘게 이렇게 살았습니다."

수백 명의 환자들이 줄을 서서 기다리고 있었기에 그 아이에게 너무 많은 시간을 할애할 수는 없었다. 뒤에는 들것에 환자를 싣고 오는 사람들도 있었다. 그래서 진료가 끝난 밤에 그 아이를 다시 오게 했다. 카메라용 라이트를 켜놓고 수술을 시작했다. 쇄골에 붙어 있는 턱을 뜯어내고, 일그러진 얼굴을 펴내는 성형수술이었다. 수술 내내 아이는 신음소리조차 내지 않았다. 치료라는 것을 한 번도 받아본 적이 없는 아이가 엄청난 고통을 견뎌내고 있었다.

'지금껏 얼마나 고통스러웠기에 이토록 심한 고통도 참는가.'

수술하는 내내 안쓰럽고 불쌍한 마음이 떠나질 않았다. 감사하게도 수술이 성공적으로 끝나 붙어 있던 턱이 어깨와 분리되었다. 수술을 지켜보던 사람들이 신기한지 여기저기에서 탄성을 질렀다.

다음 날, 다시 수많은 환자들이 몰려들었다. 그중에 열두 살 된 남자아이가 있었는데 이 아이 역시 화상을 입어서 팔꿈치 안쪽이 몸에 붙어버렸다. 화상 이후에 팔을 펼 수가 없어 굽힌 채로 살아온 것이었다. 그 아이 역시 그날 밤 수술을 통해 붙은 팔을 분리해주었다.

하지만 안타까움으로 남은 환자들도 있었다. 다리 신경이 마비된 환자였는데, 원인은 허리였다. 허리 디스크가 돌출되어 신경을 눌러 다리가 마비된 경우였다. 그래서 허리 시술을 해주었지만 돌아올 때까지 큰 차도를 보이지 않았다. 한국으로 데리고 와서 수술을 해줄 생각도 했지만, 호전될 것을 기대하기가 힘들었다. 마음이 무거웠지만 기도밖에는 다른 도리가 없었다. 그 마을을 떠나고 나서도 그 환자를 위한 기도를 멈출 수가 없었다.

아이들이 엄마를 들것에 싣고 온 경우도 있었다. 배를 만져보니 딱 봐도 위암이었다. 딱딱하게 굳은 종양 덩어리가 손에 잡힐 정도였다. 바짝 말라서 40킬로그램도 안 돼 보였는데 나로서도 속수무

책이었다. 물리치료도 할 수 없고, 이런 큰 수술을 할 수 있는 장비도 갖춰져 있지 않았기 때문이다. 내가 할 수 있는 거라곤 영양 주사를 놔주고 비타민을 주는 정도였다. 미안한 마음이 들었다.

'하나님 이곳에 한 번도 병원에 와보지도 못한 채, 죽는 사람들이 많습니다. 그런데도 저는 이 여인을 위해 해줄 수 있는 게 없습니다. 주님의 손에 맡깁니다. 이 불쌍한 여인을 고쳐주옵소서.'

어느덧 해가 지고 있었다. 진료가 끝난 저녁 8시에 라면으로 끼니를 해결하고 허탈한 마음으로 하늘을 바라보았다. 한국에선 볼 수 없는 별들이 어두운 밤하늘을 가득 채우고 환하게 빛나고 있었다.

'이곳은 이렇게 처참한데, 하늘은 저토록 아름답구나!'

이튿날은 그곳을 떠나는 날이었다. 어제 그 여인에 대한 안타까움이 슬픈 여운으로 남아 있는 아침이었다.

'화상 치료를 한 두 아이를 진료해주어야지.'

두 아이는 불과 하루 이틀 만에 놀라운 치유의 기적을 나타내고 있었다. 약이 효과를 잘 발휘해서 상처가 깔끔하게 정리되고 있었고, 염증도 전혀 나타나지 않고 있었다. 붕대를 풀자, 여자아이는 기뻐서 어쩔 줄을 몰랐다. 옆에 있던 사람들 하나하나를 껴안고 방방 뛰어오르면서 기뻐했다. 그러다가 다시 상처가 터진다며 통역을 통해 일러주었는데도, 아이는 멈추지 않았다.

'이런 게 상급이구나! 한 아이의 운명이 간단한 수술 하나로 바뀔 수 있는 것을 보는 기쁨! 이 기쁨이 있어 이 길을 갈 수 있는 거야.'

하지만 늘 뿌듯함만을 느끼는 것은 아니다. 마음 한편에선 왠지 모를 불안이 올라오기도 한다. 한국의 병원 때문이다. 강남 한복판에서 '별들의 전쟁'이 벌어지고 있는 판에 직원 열 명을 데리고 선교를 하러 일주일을 비운다면, 그 병원은 조만간 문을 닫을 수밖에 없는 것이 현실이다.

'선교를 마치고 돌아올 때면, 병원의 상황이 어떻게 되어 있을까?'

두려움과 불안을 떨치기가 쉽지 않다. 그런데 그런 불안과 걱정은 늘 다행히도 빗나가고 있다. 매번 선교를 다녀올 때마다 하나님은 그때 그 상황에 맞게 새로운 은총들을 부어주셨다. 병원의 인지도는 더욱 높아졌고 무릎수술 환자들도 늘어갔다. 그때 주님이 주시는 깨달음이 있었다.

'선교는 우리의 결단이고 모험처럼 보이지만 실제로는 하나님이 하시는 일이구나. 우리가 아닌, 하나님의 일이기에 당장은 무모하고 손해 보는 것 같지만 주님께서 완벽하게 준비해놓으시는구나! 그렇다. 우리가 은혜를 베풀러 다닌다고 하지만 사실은 우리가 은혜를 받은 것이다! 무엇보다 하나님이 일하시는 현장을 직접 볼 수 있는 것만큼 영광스러운 일이 어디 있을까? 주님과 함께 걷는 이 길만큼 좋은 게 또 어디 있을까? 하나님! 하나님의 방향에 우리의 방향을 맞추겠습니다. 하나님이 걸으시는 보폭에 저희 보폭을 맞추겠습니다. 은혜 받은 자의 보폭으로, 은혜를 나누는 자의 보폭으로 언제나 주를 따르는 병원이 되게 해주옵소서!'

그분께
실패는 없다

2004년 12월 24일, 전 세계를 발칵 뒤집어놓는 일이 발생했다. 인도네시아 수마트라섬 반다아체라는 지역에서 지진이 일어나면서 엄청난 쓰나미가 해변을 덮친 것이다. 그로 인해 수십만 명의 사람들이 생명을 잃었다.

전 세계가 암울해졌다. 더군다나 크리스마스 전날 그런 비극이 일어났다는 것이 더욱 슬프게 느껴졌다. 이 소식을 접하고 우리 병원은 뭔가 하지 않으면 안 될 것 같은 거룩한 부담감에 사로잡혔다. 그러던 차에, 광림교회에서 쓰나미 피해지역을 위해 써달라며 5만 불을 헌금해왔다.

인도네시아 선교는 우리로서는 쉽지 않았다. 준비하고 가고 오는 데에 3주 이상이 걸릴 것으로 예상되었다. 제2도시 메단까지 가서 다시 비행기를 타고 수마트라 섬 끝에 있는 반다아체로 가야 했다. 가는 데만 이틀, 오는 데만 이틀이었다. 병원 식구가 스무 명인데, 원장을 비롯해서 열한 명이 병원을 비우게 된다면, 엄청난 손실을 볼 것이 뻔했다.

그런 망설임과 어려움이 있었지만, 결정을 미룰 수가 없었다. 마음속에서 '그곳에 가라. 가서 도우라'는 음성이 떠나질 않았다. 또 광림교회에서 모금한 후원금도 전달해주어야 했다.

2005년 1월 20일 아버님과 나, 동생까지 의사 세 명과 병원 식구들까지 포함해 총 열한 명이 의료선교를 떠났다. 인천공항을 떠나 싱가폴에서 하루를 보내고 다시 인도네시아의 메단이라는 도시로 가는 비행기를 탔다. 메단에서 하루 자고 다음 날 하루에 한 번 있는 긴급 수송기로 최종 목적지인 반다아체의 룩세마웨에 도착했다. 그런데 도착해서 짐을 찾으려는데 아무리 기다려도 짐이 나오지 않았다.

"어떻게 된 일입니까? 우리 짐이 왜 안 보입니까?"

그러자 기가 막힌 대답이 돌아왔다.

"짐은 안 실었는데요? 이 비행기 안에는 짐이 없습니다."

우리가 가지고 간 의약품과 약은 2만 개가 넘는 분량이었다. 그런데 그걸 하나도 안 싣고 왔다는 것이다. 이유인즉 사람들을 실어야 하기 때문에 짐은 실을 수가 없다는 것이었다. 황당하기 그지없었다. 바쁜 병원 일정을 쪼개서 왔는데, 의약품을 가져가지 못하고 또 하루를 소비해야 하는 상황이 벌어진 것이다.

"저희는 당신들을 돕기 위해서 왔습니다. 시간이 없습니다. 빨리 우리 짐을 보내주십시오."

당장 진료를 시작해야 하는데, 그들은 '나 몰라라' 하는 태도로 일관했다. 두 시간 동안 윽박지르고 설득도 했지만, 그들은 꿈쩍도 하지 않았다.

"안타깝네요. 당신들 수송기라도 있으면 그거라도 띄우세요."

"아니, 뭐라고요? 그게 말이 되는 소립니까?"

힘들게 왔는데 어떻게 이런 일이 일어날 수 있는지 망연자실했다.

'하나님 어떻게 하면 좋습니까? 약이 없어서 오늘 하루 내일 오전까지 진료를 할 수가 없어요.'

우리는 저마다 한 마디씩 불평을 내뱉고 있었다.

"이 나라가 제대로 된 나라가 아니야."

"이번 선교는 완전 실패야."

"그래도 이렇게만 있지 말고, 일단 룩세마웨 교회에 가서 기도라도 해봅시다."

우리는 투덜거리면서 교회로 발걸음을 향했다. 오늘 하루 진료를 할 수 없다는 사실과 그걸 아무렇지도 않게 여기는 이들을 향해 차오르는 분을 삭일 수가 없었다.

그러나 하나님은 기적을 준비하고 계셨다. 우리는 터덜거리며 교회에 도착해 기도를 했다. 기도가 끝났을 때 룩세마웨 교회의 목사님이 입을 열었다.

"혹시, 우리 교회 사무실 한쪽 구석에 뭐가 좀 있는데 쓸 수 있는지 한번 봐주실래요?"

가보니 커다란 박스가 40개가량 쌓여 있었다. 박스를 여는 순간 망치로 머리를 맞은 것 같았다. 박스 안에는 포장도 안 뜯은 새 약이 산더미처럼 쌓여 있었다.

"아니, 어떻게 이렇게 많은 약을 가지고 있습니까?"

"아, 이거요. 대만 사람들이 가지고 와서 잔뜩 쌓아놓고 간 겁니다. 쓰라고 두고 갔는데 의사가 없으니까 어떤 용도로 사용해야 하는지 몰라서, 계속 쌓아두고 있었습니다."

순간 누가 먼저랄 것도 없이 감사와 회개가 터졌다. 하나님께서 예비해놓으신 것도 모르고, 짜증을 내고 분을 품었던 것이 부끄러워서 서로 무안하기만 했다.

'하나님, 죄송합니다. 믿음이 없었던 저희를 용서해주십시오.'

우리는 분주해지기 시작했다. 우리가 가져간 약보다 훨씬 더 많은 약을 분류하는 작업을 했다. 그렇게 그날 오후부터 진료를 나갈 수가 있었다.

해변가의 도시는 폐허 그 자체였다. 바닷물이 도시를 다 덮어버린 흔적이 그대로 남아 있었다. 나무마다 물이 지나간 자리가 보였는데, 염도 높은 바닷물에 잠식되어 그 사이에 다 죽어 있었다.

죽음의 위기를 가까스로 넘긴 환자들이 수없이 밀려들고 있었다.

우리가 생각한 것보다 훨씬 많은 환자들이 왔지만, 하나님이 예비해 주신 덕분에 우리가 준비한 것보다 더 풍족하게 약을 나눠줄 수 있었다. 3일 동안 진료를 해준 환자들의 수를 헤아릴 수 없을 정도였다. 인근 마을의 환자들까지 거의 다 돌볼 수 있었던 것 같다.

진료를 하면서 우리를 더욱 놀라게 만든 사실이 있었다. 이 지역이 쓰나미의 피해를 가장 많이 본 지역이었는데, 알고 보니 그곳이 인도네시아 반군 세력의 본거지였다. 대부분이 무슬림들이었는데, 인도네시아 정부의 골칫덩어리였다는 것이다. 이런 사실을 알게 되니 인도네시아 항공사가 우리의 짐을 빼돌린 이유를 대략 짐작할 수 있었다.

우리가 진료를 했던 곳 주변에 시체 썩은 냄새가 진동했다. 마치 귀신이 돌아다니는 것 같은 축축한 분위기가 감돌고 있었다. 그곳에 모스크(이슬람 회당)가 있었는데, 우리에게 도움을 주려 하지 않았다. 자기들을 도우러 온 건데도 문고리를 걸어놓고 우리를 밀어내는 것이었다. 한 성도가 말했다.

"장로님이 그냥 그러려니 이해해주세요."

생각해보니 그도 그럴 만했다. 사람들이 자기를 미워하니, 마음 문을 닫아버렸던 것이다. 그 반감이 자신들을 도우러 온 우리에게까지 향하고 있었던 것이다. 우리는 어쩔 수 없이 초막 밑에 자리를 깔고 시체 썩는 냄새를 맡아가며 진료를 했다.

선교지에 가서 진료를 하게 되면, 비슷한 증상을 가진 환자들을 많이 보게 된다. 네팔간지에 갔을 때에는 귀에서 고름이 나오는 환자들이 많았고, 미크로네시아에서는 성인병 환자들이 많았다. 룩세마웨 지역에서는 가슴을 움켜쥐고 오는 사람들이 많았다. 한결같이 가슴의 통증을 호소하는데 청진기를 대보면 심장에는 이상이 없는 경우가 대부분이었다. 그런데도 사람들은 마치 서로 모의라도 한 듯이 가슴이 아프다고 호소하고 있었다.

가슴 통증 이외에 실제적인 환자들로는 살이 찢어진 환자, 상처가 곪은 환자들이 많았다. 치료를 전혀 받지 못한 터라 터진 살들이 지저분하게 썩어가고 있었다. 아이들의 상처 역시 노출된 채 썩어가고 있었다. 나와 아버님과 동생은 수없이 고름을 빼고 상처를 꿰매기를 반복했다. 아내는 밀려드는 사람들을 줄을 세우느라 정신이 없었다. 하루에 400명 이상 되는 환자들이 찾아왔다. 상처를 가지고 온 환자들도 역시나 가슴의 통증을 호소했다.

"왜 그렇게 가슴이 아픈가요?"

"우리 가족들이 다 죽었어요."

"언제 쓰나미가 다시 올지 모른대요. 언제 죽을지 몰라요."

가슴통증은 두려움 때문에 온 공황장애였다. 눈앞에서 가족이 파도에 휩쓸려가고 썩은 시체가 둥둥 떠다니는 상황 속에서 나타난 피해의식 증상이었다. 정부의 탱크가 길거리를 오가는 상황에서 그들의 마음은 더욱 공허해졌을 것이다. 어른들은 너 나 할 것 없이 대부분 멍하니 넋을 놓고 앉아 있었다.

'하나님이 안 계신 사람들의 마음 상태가 바로 이렇구나.'

시체 썩는 냄새가 진동하는 곳에서 살면서 누구에게도 도움을 받지 못하는 사람들의 처지가 안타까웠다. 그들이 가슴 아파하는 이유를 알게 되자 가슴이 먹먹해지면서 내 가슴도 아파오기 시작했다.

'하나님! 그들의 아픈 가슴을 만져줄 수 있는 분은 아버지밖에 없습니다. 그들의 찢어진 가슴을 위로해주옵소서.'

그때 놀라운 일이 하나 더 일어났다. 우리가 진료를 도와주던 교회의 성도들에게서 변화가 일어난 것이다. 중국계 인도네시아인들이 모인 교회였는데, 그들도 처음에는 주민들의 어려움을 보고도 시큰둥한 반응을 보였다. 이슬람 과격분자들을 바라보는 시각은 정부나 현지 교회나 비슷했던 것이다. 약은 어차피 처치곤란할 정도로 쌓여 있는 상황이라 우리에게 내준 것이었다.

"무슬림을 우리가 도와줄 필요가 있습니까? 그들은 우리를 괴롭히던 사람들입니다."

그들에게 받은 상처가 있는지라 형식적인 통역만 도와주고 있었다. 그런데 우리의 모습에 감동을 받았는지, 현지 사역자가 먼저 마음을 열고 적극적으로 도와주기 시작했다. 싸늘한 시선들이 달라지면서 자신들의 속마음을 털어놓았다.

"사실 쓰나미가 와서 무슬림들이 당하는 것을 보고 당연하다고 생각했어요. 돕고 싶은 마음이 전혀 없었습니다. 매일 문제를 일으키는 사람들이니 이 기회에 싹쓸이되는 게 나을지도 모른다는 생각

주님이 부르시는 곳으로 85

도 했습니다. 그런데 한국 분들이 오셔서 치료하는 걸 보고 감동이 됐습니다. '저들도 우리와 같은 사람이구나! 우리도 가족을 잃으면 얼마나 힘들까?' 그 아픔을 헤아리게 되었습니다."

이 말을 듣고 나도 감동이 되었다. 마음속에서 절로 기도가 흘러 나왔다.

'하나님 감사합니다. 이 작은 변화가 이곳에 평화를 위한 새로운 시작이 되게 해주옵소서! 이 교회를 통해 하나님의 사랑이 그들에게 계속 흐를 수 있게 하옵소서!'

진료를 받으러 올 수 없을 만큼 병이 중한 환자들의 경우에는 직접 찾아가는 수밖에 없었다. 우리가 안내를 받고 찾아간 집은 허름한 토담집이었다. 방에 들어가자 할머니 한 분이 다리를 다쳐 누워 있었다. 쓰나미가 왔을 때 부상을 입어 앓아누운 것이었다. 딱 보기에도 상태가 좋지 않았다.

"엑스레이를 찍어봐야 할 것 같습니다. 수술을 안 하면 할머니는 평생 누워 있어야 합니다. 응급차를 불러주십시오."

그러자 우리를 안내해온 사람은 난색을 표하기 시작했다.

"비용이 많이 들어서 안 됩니다. 응급차를 부르는 데만 20달러가 듭니다."

"우리가 부담하겠습니다."

그렇게 해서 할머니를 시립병원으로 모셔갈 수 있었다. 병원은 1960년대 우리나라 병원 같았다. 엑스레이가 있다는 것이 신기할 정도였다. 엑스레이 결과는 예상대로 쓰나미로 다친 지 이미 한 달이 지난 상황이라 썩은 다리의 뼈들이 상당 부분 녹아 있었다.

"그래도 수술을 하면 걸을 수는 있을 겁니다. 저희가 할머니의 수술 비용을 대겠습니다."

그렇게 병원 측에 신신당부를 하고 나오게 되었다.

'주님! 저희의 이 작은 선행이 저 무슬림들에게 그리스도의 사랑으로 느껴지게 해주옵소서!'

그날 오후 다시 마을에 돌아와 진료를 했다. 쌀국수로 끼니를 해결하고 숙소로 돌아오는데, 이상한 일들이 일어나고 있었다. 갑자기 새들이 "꺄악꺄악" 울면서 날아다니고, 동물들이 뛰어다니며, 사람들의 표정이 공포로 바뀌어 갔다. 잠시 후, 하늘이 검어지더니 창공이 흔들리기 시작했다. 여진이었다. 큰 지진으로 생긴 여진이 한 번씩 땅을 흔들어놓고 있었던 것이다.

'지옥이나 다름없구나! 전에 아내가 일본 고베 지진 현장에서 사람들의 눈이 다 죽은 것처럼 보였다고 했는데, 이곳 사람들도 마찬가지구나!'

우리는 그 자리에 멈춰서서 기도할 수밖에 없었다.

'하나님, 더는 지진이 이 땅에 일어나지 않게 해주세요. 저들을 불쌍히 여겨주십시오.'

진료를 다 마치는 날 마음이 무거워졌다. 마치 사람들을 지옥 속에 남겨두고 홀로 빠져나오는 기분이었다.

'성경에서 말하는 일곱 인의 재앙이 이와 같지 않을까? 처음 하늘과 처음 땅이 사라지고 다시 있지 않게 되는 날이 온다는 것이, 이미 그 재앙의 징조들이 이 세계 속에 일어나고 있다는 것! 아마도 하나님을 떠난 인류가 만들어놓은 모든 문명들이 저 재앙 속에 다 날아가버리는 날이 오게 될 거야! 새 하늘과 새 땅은 어떤 곳일까? 사망도 없고, 애통함이나 눈물이나 곡함도 없다는 세계!'

주님께 간절히 매달리게 된다.

'주여! 그 세계의 원리로 이 세계를 살게 해주옵소서! 이 죽음과 눈물이 가득한 세상에 새 하늘과 새 땅에서 오는 생명수의 강물을 흘려보내는 선한목자병원이 되게 해주옵소서!'

메단으로 돌아와 쌈군란교회의 감독을 만나 광림교회에서 모금한 헌금을 전달하고, 우리는 한국으로 돌아왔다. 병원은 환자 수가 급격히 줄어 있었다. 이후 한 달 동안 고전을 면치 못했다. 그러나 지옥을 보고 온 우리에게는 그 정도는 전혀 아픔이 되지 못했다. 오히려 처음 하늘과 처음 땅에서 새 하늘과 새 땅을 보고 온 느낌이랄까? 나도 모르게 찬송이 흘러나왔다.

나 이제 주님의 새 생명 얻은 몸
옛것은 지나고 새사람이로다
그 생명 내 맘에 강같이 흐르고
그 사랑 내게서 해같이 빛난다

영생을 누리며 주 안에 살리라

오늘도 내일도 주 함께 살리라

_찬송가 436장 〈나 이제 주님의 새 생명 얻은 몸〉

하늘과 땅을
잇는 다리

2004년 해외 의료선교를 시작하고, 해가 바뀌면서 선교의 결실들이
풍성하게 나타나기 시작했다. 의료봉사 활동으로 시작했던 선교였
으나 막상 현장에 가보니 일회성 의료 봉사로는 부족한 부분이 너
무 많았다. 그렇게 해서 시작한 일이 무료진료소를 세우는 것이었
다. 현지 간호사를 고용하여 지속적으로 약품을 나눠주는 것이 훨
씬 더 효과적인 선교가 될 수 있다는 생각이었다. 그러다가 점점 무
료진료소가 병원을 세우는 일로 확대되었다.

간호사만으로는 밀려드는 수많은 환자들에게 만족할 만한 도움
을 줄 수가 없었다. 우리 부부는 병원을 세우고, 그곳에 기독교인 현
지 의사들을 채용하거나, 한국에서 선교에 훈련된 의사를 보내는 일
들을 고민하기 시작했다. 이를 위해 훈련된 선교 자원을 키우는 일

과 현지에 있는 의사들에게 좀 더 나은 의료 기술과 장비들을 보내 주는 일들이 요구되었다.

이런 고민의 과정 속에 품게 된 것이 '재단'의 설립이었고, 마침내 2012년에 '굿셰퍼드재단'이 설립되었다. '선한목자재단'이라는 이름은 이미 사용하는 곳이 있었다. 아쉬웠지만 어차피 외국에 나가서도 써야 되기에 '굿셰퍼드재단'이라 이름 붙이게 되었다.

나는 '굿셰퍼드재단'이 세워질 수 있었던 것이 기도의 힘이라고 믿는다. 몇 년 전만 하더라도 외교통상부에 필요한 서류들을 넣어도 서류들이 빙빙 돌기만 하고 허가가 떨어지지 않았다. 포기하지 않고 꾸준히 기도했는데 하나님의 때가 되어 그간 우리가 해온 일들이 인정을 받게 된 것이다. 분명 전에도 냈던 서류들이었는데 왜 통과되지 않다가, 이제서야 가능해진 것일까?

하나님께서 우리 활동을 의로 내세우지 않고, 재단은 오직 기도의 힘으로 세워지길 바라셨던 것이 아닐까? 사람의 의가 아닌 하나님의 능력을 의지한 재단이 되라고, 이제야 그 길을 열어주신 것이리라.

지금까지 '굿셰퍼드재단'에 소속되어 있는 나라들은 네팔, 필리핀, 아이티, 미얀마, 파키스탄이다. 그리고 재단을 통해 선교사들이 나가 있는 곳이 라오스, 이집트, 중국 단동이다.

사실상 선한목자병원에서 생기는 수입은 거의 재단 활동에 쓰이고 있다. 병원과 무료진료소를 세우고, 선교사들의 생활비를 담당하며, 앞으로 선교를 할 의대생들의 등록금도 지급하고 있다.

필리핀 까마칠레에 병원을 세우고, 중국의 용비운 선교사를 선한 목자병원에서 연수시켜서 단동으로 보내기도 했다. 용비운 선교사는 앞으로 우리와 함께 압록강 일대를 다니면서 선교할 계획이다. 또 중국에서 이설매 선생이 일 년 연수를 잘 마쳤다. 굳셰퍼드재단을 통해서 우리는 미얀마에 새로운 선교지를 개척하려고 기도했다. 그래서 미얀마에 병원을 세우고 미얀마의 의사협회 직원들에게 의료 연수를 추진하기도 했다.

또한 네팔의 이해덕 선교사를 통해 알게 된 니르멀이라는 아이를 의사로 키우기 위해 지원하고 있다. 선교사님으로부터 한 아이가 범상치 않은 학습 능력을 발휘하고 있다는 이야기를 듣게 되었다. 아버지 없이 엄마 손에 크다가 버림받은 아이였는데, 그 아이를 꼭 공부시켜서 의사가 되게 해달라고 간곡히 부탁해왔다.

"저도 원장님과 같은 훌륭한 의사가 되고 싶습니다. 열심히 공부하고 있습니다. 저를 기억해주십시오."

아이가 보낸 편지를 읽고 후에 현지에 가서 아이를 만났다. 얼핏 봐도 귀티를 풍기는 아이였다. 내면에 총명함과 비전을 가진 사람에게서 뿜어져나오는 귀티라고 해야 할까? 네팔의 선교사님들은 훗날 네팔을 바꿀 아이라며 우리에게 소개해주었다.

니르멀에게는 '느헤미야'라는 두 살 차이 나는 형이 있었다. 느헤미야는 늘 선교사님에게 자기와 동생을 챙겨달라고 부탁했었다고 한다. 그러다가 지진이 발생했을 때, 고아원 학교를 고치려고 들어갔다가 건물이 붕괴되는 바람에 목숨을 잃었다는 것이다. 선교사님은 동생인 니르멀에게라도 희망을 걸고 우리에게 부탁을 해온 것이었다. 우리 역시 그 아이가 장차 네팔을 바꿀 희망이라는 생각으로 재단에서 지원을 하고 있다.

이집트의 의사들을 한국에 데리고 와서 연수를 시켜주는 계획도 재단의 중요한 활동이 되었다. 2006년 5월에 이집트를 방문한 일이 있었다. 나의 동생인 이홍우 선교사가 당시 튀니지의 정연주 선교사와 함께 알제리를 다녀온 적이 있었는데, 그때 의료선교 요청을 받게 되어 우리가 이집트에 가게 된 것이었다.

카이로에 도착하자, 황당한 일이 기다리고 있었다. 공항에서 우리가 탄 차가 출발하자마자 곧바로 경찰차가 우리 뒤를 쫓아오는 것이었다. 처음에는 우리를 잡으려는 줄 알았는데 그게 아니었다. 우리가 멈추면 경찰차도 멈추고 우리가 가면 그들도 출발했다. 카이로에서 도착지까지 세 시간 내내 자기들끼리 조를 바꿔가면서 따라왔다. 알고 보니 우리를 수상한 사람들로 여긴 것이었다. 기분이 좋을 리가 없었다. 그때 정연주 선교사가 입을 열었다.

"좋은 일입니다. 이집트 무슬림은 강성이고 외국인들이 해코지를 많이 당하거든요. 우리가 변고를 당할까봐 이집트 정부에서 우리를 지켜주는 거예요. 우리를 안내해주려고 따라붙었는데, 우리가 관광지로 가지 않으니까 수상해서 따라오는 모양이에요. 저들이 우리를 보호해주는 셈이니 오히려 잘됐네요."

이집트는 기독교인으로 사는 것이 정말 힘든 나라였다. 그 나라 자체가 곧 이슬람이라 할 수 있다. "당신은 이집트 사람입니까?"라는 질문은 곧 "당신은 이슬람입니까?"라는 질문과 동의어로 여겨질 정도라는 것이다. 그런데 이집트에는 7퍼센트 다른 종교를 가진 사람들이 있었다. 바로 '콥트교'(Coptic)이다.

콥트교는 동방정교회의 한 분파로 예수님의 인성은 부인하고 신성만을 믿는 교리를 가지고 있어 정통 기독교라 할 수는 없지만, 믿음에 대한 열정만은 그 어디에도 뒤지지 않는다. 이집트에서는 기독교인이 되면 주민등록증에 종교를 새겨야 한다. 그리고 남들 다 내지 않는 종교세를 내야 한다. 높은 직책은 꿈도 꿀 수 없다. 이집트에서는 기독교인으로 산다는 것 자체가 순교이다[2015년에는 이슬람 국가(IS)에 의해 스물한 명의 콥트교인이 참수당하는 일도 있었다].

정연주 선교사는 우리를 한 병원으로 안내해주었다. 므누푸의 하퍼병원은 103년 전에 아일랜드 선교사가 지은 오래된 병원이었다. 오래되고 낡긴 했지만 고풍스런 건물이었다. 이미 아일랜드에서 원조가 끊긴 지 오래된 것을 이집트에 남아 있는 크리스천 의사들이 힘겹게 운영해가고 있었다.

이집트에서는 믿음을 가지고 산다는 것 자체가 힘든 일인데, 그 병원에는 그보다 더 힘든 일을 자처하는 사람들이 있었다. 몇몇 신앙을 가진 의사들이 병원을 지키며 후배 의사들을 키워내는 데에 굉장한 열의를 보이고 있었다.

그날 아침 예배를 드리고 미쉘이라는 한 마취과 남자 의사를 만났다. 그리고 그의 친구인 아델과 아쉐라프라는 두 친구를 알게 되었다. 나보다 서너 살 적어 보이는 중년의 사람들이었는데 만나자마자 단박에 그들에게서 뿜어져나오는 신앙적인 열정을 느낄 수 있었다.

세 사람은 항상 뭉쳐다녔다. 셋 중 둘은 바울처럼 결혼을 하지 않겠다고 서원을 했고, 셋 모두 말씀을 전하다가 죽겠다는 각오를 하고 있었다. 그들은 아랍의 나라들을 자유롭게 다닐 수 있기에 북아프리카 지역의 나라들을 돌아다니면서 크리스천 의사들을 돕고 있었다. 그들을 보고 있자니 마치 사도행전을 쓰고 있는 것 같았다. 아델은 리비아에서는 체포당하고 감옥에 갔다가 끌려온 적도 있었다. 그 모든 활동들을 바울처럼 자비량으로 하고 있었다.

'한국에서 크리스천으로 산다는 건 엄청난 복이구나!'

그들을 보는 내내 이 생각이 떠나질 않았다.

'이런 곳에서 크리스천으로 산다는 것 자체가 엄청난 희생과 섬김이구나!'

그런 생각에 잡혀 있는 동안 미쉘이 한 가지 소원을 말했다.

"의학을 교류하고 싶습니다. 한국에서의 의학 기술을 배워서 이곳에서 적용하면서 선교를 하고 싶습니다."

"물론이지요. 꼭 그렇게 하도록 약속하겠습니다."

그들과 함께 크리스천이 운영하는 외래 진료소인 유르인겔 클리닉, 말하람 클리닉을 방문했다. 그들은 자랑스럽게 소개했는데, 우리나라의 1960년대의 구멍가게처럼 보였다. 그 열악한 곳에 크리스천 의사들이 모여 기도하는 모습을 보니 가슴이 저려왔다. 애달프고 사랑스러운 한편 나 자신이 부끄러웠다.

그들은 참으로 순수했다. 주님의 나라를 꿈꾸기 위해 삶을 희생하기로 작정한 사람들에게서 나오는 저 거룩한 순수! 비록 초라하고 연약하지만, 그 마음의 중심을 하나님이 매우 기뻐하시는 것 같았다.

'하나님, 부끄럽습니다. 제 모습이 부끄럽습니다. 한국의 화려함에 길들여진 속물 같은 근성이 제게 남아 있다면, 가차없이 쳐주옵소서. 저 때 묻지 않은 순수한 사람들의 신앙을 본받게 해주옵소서!'

다음으로 우리가 향한 곳은 이집트의 크리스천들이 모인다는 카스로도바락교회였다. 미쉘이 다니는 교회였다. 무슬림 나라인 이집트에서 하나님을 찬송하는 사람들이 있다는 사실이 기적처럼 다가왔다.

'주님! 이 나라의 믿음의 사람들을 만나게 해주셔서 감사합니다. 하나님께서 이집트에도 살아 역사하시는 줄 믿습니다. 저들이 크리스천으로서 자부심을 느끼고 사명을 감당하길 원합니다. 저들의 마음속에 하나님을 모시고 의사로서의 사명을 감당한다는 것이 얼마나 귀한 것인가를 확신할 수 있게 해주옵소서. 그 일에 저희를 부르신 줄 믿습니다.'

그들의 기도하는 모습은 그 어디에서도 볼 수 없는 뜨거움이 있었다. 성령충만하고 순수하며 뜨거운 그들의 믿음을 통해 기사와 이적들이 나타나고 있었다.

그곳에서 6일을 지내는 동안, 처음부터 끝까지 경찰들이 우리를 따라다녔다. 처음에는 거리를 두고 따라오다가 나중에는 친근해져서 물병도 건네주면서 고맙다는 말을 했다. 하나님께서 경찰들을 통해 우리를 보호해주신 것이 확실했다. 그들은 우리가 일정을 마치고 공항에 갈 때까지 가이드해주었다.

이집트에 있는 동안 하루는 지방에 있는 도시를 갔다가 돌아오는 길이었다. 카이로에 오후 시간쯤 도착했는데, 갑자기 도로에 있는 모든 차들이 멈추는 것이었다.

"왜 멈추나요?"

"지금은 멈춰야 하는 때입니다."

30분 정도 꼼짝도 하지 않고 모든 차들이 멈춰 있는데, 갑자기 주변이 어두워지기 시작했다. '캄신'이라는 모래폭풍이 찾아온 것이었다. 바람이 점점 거세지면서 먼지들이 모래폭풍으로 변해가고 있었다. 모래가 앞에서 휘날리는데, 순식간에 주변이 흑암으로 바뀌었다. 어찌나 강력한지 모래바람이 뺨을 때려 창문을 열 엄두도 나지 않았다. 마치 지구의 종말을 보는 것 같았다. 우리는 모래폭풍이 지날 때까지 아무 소리도 내지 못하고 차 안에서 숨죽이고 있었다. 출애굽기의 열 가지 재앙들이 실감 나는 순간이었다.

그렇게 이집트 선교를 마치고 돌아와, 우리 재단은 튀니지의 정연주 선교사를 지원하게 되었다. 그리고 이집트의 삼총사 의사들과 의료 교류를 시작했다. 미쉘과 두 친구는 한국에 오는 일이 생기면 아내에게 연락해왔다. 우리는 그들이 묵을 숙소부터 필요한 것들을 챙겨주면서 그들과 더욱 친해지고 식구가 되어갔다.

정연주 선교사 역시 우리의 식구가 되었다. 정연주 선교사는 미국에서 석사까지 공부한 지성인이었는데, 결혼도 포기한 채 선교에 온 힘을 기울이는 보기 드문 신실한 선교사였다. 우리는 정 선교사를 이집트에 파송하여 사역을 지원하는 한편, 지금까지 9년 동안 이집트의 의사들을 초청하여 우리나라의 좋은 병원들에서 연수를 받도록 하고 있다.

미쉘은 분당 서울대병원과 삼성병원에서 마취 통증을 배웠고, 현재 이집트에 병원을 세우려고 준비하고 있다. 아델과 아쉬라프 역시 안과와 피부과 분야에서 한국 진료 신기술을 배운 바 있다.

나는 이들을 통해 이집트에 영적인 변화뿐 아니라 북아프리카 지역 선교의 문이 열리게 될 거라 믿는다. 또한 그들을 통해 나는 많은 도전을 받았다. 마치 초대 교회 때 신앙의 모습이 저러했을 것이란 생각이 들었다. 의사가 아니라 고난을 통해 연단된 정금과 같은 성숙한 목회자를 보는 것 같았다. 영적인 깊이도 깊고, 성경 지식도 해박했다. 그들은 가는 곳마다 전도하고 선교하기를 멈추지 않았다. 미쉘은 한국에서 교육을 받는 동안에도 안산에 있는 아랍계 외국인

노동자들을 찾아가 한 사람 한 사람 심혈을 기울여 복음을 전하고 말씀을 가르치고 돌보았다.

정연주 선교사는 현재 이집트에서 장애인 사역을 하고 있다. 이집트에서는 장애인을 길거리에서 많이 볼 수가 없다. 장애인이 없어서가 아니다. 근친상간이 많아 유전병과 극심한 병을 가진 사람이 많은데, 장애를 가진 아이들이 밖에 돌아다니는 것을 가문의 수치라 여겨 집안에 가둬놓기 때문이다. 뇌성마비 장애인으로 평생 집 안에 갇혀 사는 불쌍한 사람들이 많았다.

정 선교사는 그것이 가슴 아파서 그 아이들을 보듬는 일을 하고 있다. 이집트 전역에 있는 장애인 아이들이 카이로에 와서 병원 진료를 받을 수 있도록 우리와 손 잡고 쉼터를 만들었다.

하나님은 재단을 통해 세계 곳곳을 향한 선교의 비전을 이루어나갈 수 있게 허락하셨다. 그러나 사실 진행되는 선교의 과정들을 보면, 재단이 새로운 것을 만들어내는 일은 거의 없다. 새로운 일을 개척하기보다는 이미 개척한 하나님의 사람들을 만나 돕는, 다리 역할을 해오고 있다. 나는 굿세퍼드재단의 사명이 바로 '작은 다리가 되어주는 것'이라 믿는다!

하나님은 이미 세계 곳곳에 하나님의 사람들을 파송하셨고, 또 곳곳에서 하나님의 사람들을 만들어가신다. 하나님은 하나님의 사람들 외에는 다른 손이 없으신 분이다. 순종하는 사람들을 통해 하나님의 역사를 성취해 나가신다. 우리 재단은 바로 그 하나님의 사람들이 하나님의 일을 할 수 있도록 돕는 다리와 같은 것이리라!

'수많은 하나님의 사람들이 우리 재단을 다리 삼아 건너가게 해주옵소서! 주님 나라 임할 때까지, 주님의 나라를 이 땅에 이어주는 다리가 되게 해주옵소서!'

슬픔의
전조

우리 부부는 늘 북한에 대한 마음을 품고 기도하고 있었다. 그리고 북한과 맞닿아 있는 중국 땅을 돌아보고 싶다고 자주 말을 했다. 그런데 주님이 기회를 주셨다. 광림교회에서 통일을 염두에 두고 중국 심양으로부터 시작해서 백두산에 이르는 지역을 탐방하고 나서 몇 군데에 교회를 세우고자 했다. 우리 부부는 이를 기회 삼아 중국 의료선교를 할 수 있겠다는 생각이 들었다.

2007년 추석, 중국 심양에 담터 지사를 둔 장세근 장로가 우리의 계획을 알고, 중국 현지의 이명 사장을 소개해주었다. 이명 사장은 우리 팀을 광림교회에서 파송한 이호평 선교사에게로 인도해주었다.

심양은 공식적인 인구만 2천만 명이 넘는 어마어마한 대도시였다. 우리가 처음으로 가게 된 곳은 심양에서 제일 큰 조선족 교회인 서탑

교회였는데, 예배당에 3천 명이 들어갈 수 있는 엄청난 규모였다. 놀라지 않을 수가 없었다.

'하나님께서 이곳에 새로운 역사를 일으키고 계시구나! 이 부흥의 바람이 동풍을 타고 저 북녘땅까지 불어올 날이 얼마 남지 않았구나!'

이런 생각이 내 머릿속에 환상처럼 들어오는 것 같았다. 주일예배 후 서탑교회에서 1차 의료선교를 시작했다.

다음 날 우리 선교팀은 '통화'라는 곳으로 향했다. 세 시간쯤 달려 도착한 그곳은 전형적인 중국 시골마을이었다. 그 도시에는 조선족과 한족이 함께 살고 있었다. 중국 정부에서 세운 통화시립병원에서 강의를 하고, 선한목자병원과 자매결연을 맺었다.

다음으로 우리가 향한 곳은 시골의 작은 교회들이었다. 당시 광림교회 청년부에서 통일을 위한 교회 세우기 선교를 한창 진행하고 있을 때여서 이미 중국 전역에 30개 정도의 교회를 세우고 있었는데, 통화 인근 지역에 6개 정도의 교회가 있었다.

우리 의료선교팀은 총 열두 명으로 아버지와 나, 김한구 치과원장까지 세 명이 전문의였고, 물리치료사와 약사, 간호사들, 아내와 어머니가 동행했다. 어머님은 양쪽 무릎에 인공관절 수술을 받으시고 3개월 만에 선교에 동참하신 것이었다.

진료를 시작하자 밤 12시까지 멈출 수가 없었다. 찾아오는 환자들도 많았지만, 찾아오지 못할 정도의 중환자들이 더 많았다. 우리는 집집마다 방문하면서 진료를 이어나갔다. 그곳에는 전기도 없었다. 어둠을 더듬고 집을 찾아가면 환자들은 부뚜막 같은 곳에 누워 있었다. 한번은 한 집에 들어가자, 어두컴컴한 방 안에 할머니가 홀로 누워 계셨다. 손전등을 켜서 할머니의 상태를 보니 만성 관절염이었다. 할머니는 자기의 사정을 하소연했다.

"집 바깥에 한 발짝도 못 나가고 반 년째 이러고 있어요. 자식들은 돈을 벌어야 하니까 아침밥을 해놓고 나가고 저 혼자 이러고 있어요."

이명 사장은 할머니의 이야기를 들으면서 자신이 아는 이야기들을 덧붙여 들려주었다.

"이곳에 있는 조선족들은 딱 두 종류밖에 없습니다. 하나는 노인들이고 다른 하나는 아이들입니다. 젊은이들은 돈 벌러 다 한국에 갑니다."

"아니, 그럼 돌볼 사람들이 없다는 말입니까?"

"그렇지요. 다 한국에 돈 벌러 가니까요. 한 번 가면 돈만 부치고 돌아오지도 않습니다. 돌아오는 사람들은 한몫 챙겨서 가게 차리는 것이 소망입니다. 하지만 그런 사람들도 많지 않아요. 비자 갱신하면서 한국에 계속 있고 싶어하지요."

우리가 찾아간 환자들은 모두 노인들이었다. 젊은 사람들이 보인다 싶으면 모두 한족이었다. 조선족은 남루하고 병든 노인과 버려진 아이들뿐이었다.

'한 나라에서 소수민족으로 산다는 것이 힘든 일이구나! 이곳도

한때는 고구려와 발해에 속한 우리 민족의 터전이었는데, 우리 동포가 이곳에서 외인처럼 버림받고 있구나!'

그런 상념에 젖어 있을 때, 조선족 목사님 한 분이 말을 이어갔다.

"조선족 중에서 중국 말만 아는 사람들은 한족으로 전향하기도 합니다. 그런데 한국말을 아는 사람들은 조선족으로 남아 살려고 합니다. 한국인의 정체성을 포기하지 않습니다."

가슴이 저려오기 시작했다. 사실 우리 병원에서 의료 교육을 시켰던 용비운 선교사도 조선족으로 남기를 자처한 사람이었다. 그의 친구들 모두 한족으로 전향했음에도 한국인으로서의 정체성을 포기하지 않았던 것이다.

'이런 실정인데도 조선족은 한국에 와서 멸시를 받고 있다는 말인가! 한족들에게 소외를 당하면서 한국인이란 정체성을 지켜왔는데, 한국에 와서 같은 동포에게 또 한 번 소외를 당하고 있구나! 독립운동을 하다가 그곳에 남아 조선족들이 된 사람들이 많은데 오히려 한국에서 역차별을 당하고 있구나!'

그런 이야기를 듣게 되자, 그 땅에 남은 조선족들이 너무 귀하게 보였다.

"그래도 이들에게 소망이 된 게 있습니다."

"그게 뭔데요?"

"이곳에도 한류 열풍이 일고 있거든요. 조선족이 이에 대해 굉장히 큰 자부심을 느끼고 있습니다. 그 전까지는 말도 못하게 치이면서 살았습니다. 중국 정부가 조선족 세력이 커지는 것을 막으려고 한족을 조선족 가운데 이주시켰습니다. 그리고 돈 많은 한족들이 상권을 잡아서 조선족들이 득세하지 못하게 막아버렸습니다. 연변이나 흑룡강성에 조선족이 많은데 그곳에 상권과 기득권은 모두 한족들이 가지고 있습니다. 그런데 요즘 부는 한류 열풍을 보면서 위로를 얻으며 굉장히 자랑스러워합니다."

"그렇군요. 우리나라가 잘해주는 것도 없는데, 그분들은 대한민국에 자부심을 느끼며 살고 계시네요!"

조선족의 이야기를 들으면서, 우리 의료팀은 깊은 감동을 받았다. 약품뿐 아니라 가지고 간 모든 것을 그들에게 주고 싶었다.

그러나 그곳에서 전혀 예상하지 못한 슬픔의 전조가 시작되고 있었다. 연로하신 나의 아버님은 생명을 쥐어짜내듯이 혼신을 다해 진료를 하고 계셨다. 밤 12시가 넘어 진료를 끝내고 돌아오면 새벽 한시였다. 숙소는 허름한 여인숙 같은 곳이었다. 산악지대의 날씨는 쌀쌀함을 넘어 날카로운 칼날 같았다. 그런데도 숙소에는 구들장도 없었고 불도 넣어주지 않았다. 나는 그렇다 쳐도, 간이 좋지 않으신 아버님께 숙박 시설은 최악의 조건이었다.

게다가 중국 음식들은 기름기가 많아서 아버님은 젓가락을 들다가 내려놓으셨다. 조금 삼켰다 해도 속에서 낯선 기름기들이 얌전하게 있어 주지를 않았다. 불편한 속을 붙잡고 아침에 집 뒤에 여러 개 파놓은 구멍(화장실)으로 뛰어갔다. 남녀 구분 없이 볼일을 보고,

좀 길어진다 싶으면 뒤에서 툭툭 치면서 재촉하는 것이 일상인 곳이었다.

모든 진료가 끝날 때쯤, 아버지의 안색이 달라져 있었다. 당시 어머님은 인공관절 수술을 받으신 지 불과 3개월밖에 되지 않으셨는데도 백두산에 올라가셨는데, 아버지는 그 일정을 소화하지 못하셨다.

"아버지, 괜찮으세요?"

"응, 나아지겠지. 괜찮을 거야."

"안색이 좋지 않으세요."

불길한 상상이 밀려오고 있었다. 비행기를 타고 한국으로 돌아오는 내내 나는 그 불길한 상상을 애써 외면하고 있었다.

'우리 아버지는 건재하셔! 앞으로도 오래오래 나와 이렇게 선교하면서 함께해주실 거야.'

의료선교
최대의 위기

선한목자병원이 선교활동을 펼치는 데 가장 큰 위기는 2008년에 불어닥쳤다. 그것은 세무조사도, 사회주의 국가의 법적 제재도 아니었다. 내 삶의 모델이자 영혼의 지주였던 나의 아버지 이종찬 장로의 소천 때문이었다.

아버지는 우리 병원의 고문으로 계시면서 2004년부터 시작된 선교활동에 동참하셨다. 앞서 말했듯이 거의 모든 과목의 진료가 가능하셨던 아버지는 네팔, 라오스, 파키스탄, 미크로네시아, 중국, 인도네시아 등 우리가 선교를 가는 곳마다 함께하셨다. 아버지는 가장 유능한 선교대원이셨다. 그런 아버지가 중국 통화 선교에서 안색이 좋지 않으시더니 한국으로 돌아온 지 며칠이 안 되어 나를 부르셨다.

"창우야, 아무래도 내 몸 상태가 예전 같지 않구나."

"아버지 무슨 말씀이세요? 어디가 어떠신데요?"

"식도에서 출혈이 있는 것 같아. 너도 알다시피 내 꿈이 선교하다가 부르심을 받는 것 아니니?"

"아휴! 아버지 그런 말씀 하지 마세요."

그런 말이 오고간 며칠 뒤, 내 기대는 어긋나고 아버지의 예상이 적중하기 시작했다. 아버님의 식도 하부 출혈이 시작된 것이었다. 아버님을 서울에서 가장 큰 병원의 응급실로 모셨다. 그런데 내 마음이 급했던 탓이었을까? 박대당하는 느낌을 지울 수가 없었다.

복수가 차서 숨이 고르지 못한 아버지를 네 시간이나 방치해두는 것이었다. 안 되겠다 싶어서 친구가 있는 삼성의료원에 부탁을 해서 아버님을 입원시켰다. 병명은 간경화였고, 그 증상으로 식도에 출혈이 생긴 것이었다.

"교수님, 저희 아버님의 식도에서 더는 피가 안 나오게 해주세요."

백승운 교수는 간의 대가였다.

"문제가 될 만한 곳은 다 잡아주십시오. 내시경으로 들어가서 터진 혈관들은 클립으로 다 막아주세요."

"일단 그래야겠지. 그렇게 해보겠네."

다행히 식도의 출혈은 막을 수가 있었다. 그런데 이제는 간에 종양들이 생기기 시작하더니 암으로 악화되는 것이었다. 문제가 더 커졌다.

"수술하면 고칠 수 있을 거야. 아버님! 꼭 낫게 해드릴게요."

고주파로 간에 생긴 암을 지지는 시술을 했다. 첫 번째 암수술이었다. 수술 후 아버지의 배는 지구본처럼 튀어나왔다. 배의 5분의 2가 시퍼렇게 멍이 든 것을 차마 눈뜨고 볼 수가 없었다. 그런데도 암은 지질 기색을 보이지 않았다. 재수술을 시도했다. 그러나 두 번째 시술도 병의 진행을 막을 수는 없었다.

"교수님, 차라리 간이식을 하게 해주십시오. 제 간을 떼어서 아버님을 살리게 해주십시오."

"이 박사! 이제 그만하는 게 좋을 거 같아. 아버님 연세가 팔순이시고, 더는 안 된다는 거 자네도 잘 알지 않은가? 자네도 힘들고 아버님도 견디시지 못할 거야. 무리하지 말고 여기까지만 하세."

존스홉킨스에서 같이 공부했던 형님 같은 분이 내 손을 붙잡고 간곡하게 말하고 있었다.

'다른 방법이 없다는 말인가? 그래도 나는 포기할 수 없어. 내가 아버님을 지켜드릴 거야.'

나는 아버님을 모시고 선한목자병원으로 왔다.

'하나님, 아버님을 살려주세요. 제발 살려주세요. 제발요.'

매일 밤마다 기도실을 찾았다. 아침이 밝아오면 '좋아졌을까? 하나님이 내 기도를 들어주셨을까?' 기대감을 가지고 아버지 병실을 찾았다. 문고리를 잡을 때, 좋아진 아버지의 모습을 그리며 문을 열었다. 그럼에도 아버지의 복수는 계속 차올랐다.

'기도하면 나으실 거야. 좋아지실 거야.'

그래도 호전되지 않자 하나님을 향해 야속한 마음이 들었다.

'하나님, 저는 포기하지 않을 겁니다. 끝까지 아버님을 살려낼 겁니다.'

나는 내가 공부한 모든 의술을 총동원하기 시작했다. 지금은 필리핀 선교사가 된 김효경 이사(H줄기세포 회사)의 도움으로 제대혈줄기세포 주사를 2회에 걸쳐 시술하였다. 그래도 큰 차도가 나타나지 않자 다른 대책을 강구했다.

"아버지! 아버지의 줄기세포를 만들고 싶습니다. 대신 국소마취를 할 수밖에 없어서 많이 아프실 거예요."

아버지의 무릎 부위에서 줄기세포 골막을 빼내고 그 골막을 작은 매형인 김동일 교수가 주도하는 '인하대 생명공학 연구소'로 보냈다. 당시 나는 미국에서 돌아온 후 형님과 함께 인간유래 줄기세포 분야에서 6년째 협력박사 연구원으로 일하고 있었다. 최용수 박사와 임상민 박사가 아버님의 줄기세포를 정성을 다해 배양해주었다.

"아버지, 이게 아버지 줄기세포예요. 인하대 연구소에서 두 박사님이 아버지를 위해서 새벽 네 시에 아버지 줄기세포를 꺼내서 가장 좋은 상태로 가지고 와주셨어요. 이거 맞으면 나으실 거예요."

아버지의 줄기세포는 효과적이었다. 금세 좋아지는 것이 눈에 보였다. 얼굴에 화색이 돌아오고 웃기도 하시고, 식사도 하셨다.

"창우야! 아버지 좋아지신다. 식사도 하셔."

어머니는 아버지의 밝은 화색을 보시고 기쁨을 감추지 못하셨다. 그러나 얼마 후에 병은 금방 원래 자리로 돌아오고 말았다. 조금 반짝 좋아지셨을 뿐, 꺼져가는 촛불처럼 아버지는 자꾸 사그라들었다. 정말 지긋지긋한 병마가 아버지를 집요하게 공격하고 있었다. 그럴수록 나의 집착도 커져갔다.

'절대로 아버지를 놓아드릴 수 없어.'

나는 다시 한 번 인하대 연구소에 부탁해서 줄기세포를 만들어냈다. 그리고 아내와 함께 기도에 매달렸다. 히스기야의 기도를 들으시고, 15년 생명을 연장하신 것처럼, 하나님께서 내 기도를 들으시고 아버지의 생명을 조금이라도 더 연장시켜주시기를 바라는 마음뿐이었다.

'하나님, 이번 이 줄기세포에 생명을 불어넣어 주십시오. 조금이라도 더 생명을 허락해주세요.'

이번에는 피부를 통해서 직접 간에 줄기세포를 주입하였으나, 이 두 번째 줄기세포마저 큰 효과를 얻을 수 없었다.

'이제 방법은 하나밖에 없는 건가?'

나는 어떤 의사도 시도한 적이 없고, 할 생각조차 하지 않는 것을 결단하고 말았다. 아버님의 간에 직접 줄기세포를 넣을 생각이었다. 이 일은 굉장히 무모하고 위험했다. 다른 나라에서도 시도조차 해보지 않은 일이었다. 혹시나 하는 마음으로 논문을 찾아보았으나 오직 동물에게 실험한 사례만 있을 뿐이었다. 그래도 달리 방법이 없었다. 줄기세포를 연구한 나의 상식으로 그것만이 남아 있는 유일한 최선이었다.

"마지막 남은 아버지의 줄기세포를 다 털어주십시오."

인하대 연구소에 다시 한 번 부탁을 했다. 좋은 세포는 이미 다 들어간 상태고, 이제 남은 기회는 단 한 번뿐이었다. 남은 줄기 세포를 아버지의 간에 직접 이식해보는 일이었다.

'하나님! 이것마저 어긋나면 끝입니다. 아시지요? 제발 간구합니다. 이 마지막 시도 속에 아버지의 생명이 돌아오게 해주십시오.'

간동맥은 간에 영양을 공급해주는 역할을 한다. 거기에 줄기세포를 넣어주면 곳곳에 세포가 들어가게 된다. 그러나 이 수술은 내가 할 수 없어 도움을 구할 수밖에 없었다. 동생인 이홍우 교수에게 제안했다.

"형, 그렇게 위험한 걸 해야 할까? 아버지의 생명이 갑자기 멈출 수도 있잖아."

"특별히 아버지를 살릴 수 있는 길이 없잖아. 이것 말고는 없어."

그렇게 동생을 설득하고, 한양대 영상의학과 송순영 교수에게 부탁을 했다. 복부혈관 중재적 시술이었는데, 이 분야에 최고의 실력자였다. 비록 그 시술이 주로 심장에 행해지는 것이고, 간에는 색전술 외에는 시도조차 해본 적이 없었지만, 후배인 송 교수는 나의 무모한 부탁을 들어주었다.

"형! 형네 아버지는 우리 아버지니까 제가 해드릴게요."

무모한 도전이 시작되었다. 아버님의 허벅지의 대퇴동맥을 타고 들어가서 복부 대동맥을 따라 간동맥에 올라갔다. '카테터'라는 관 끝에 줄기세포를 희석시켜서 15분간 서서히 주입하였다. 세포를 주사하는 그 순간 나는 모든 걸 내려놓고 기도했다.

'하나님, 이제 죽거나 살거나 둘 중 하나입니다. 제발 살려주세요. 우리 아버지를 살려주세요.'

기도가 응답된 것일까? 수술은 성공적이었다. 아버님께서 소생하시는 것이 눈에 띄게 나타나고 있었다. 간동맥이 막혔다가는 몇 시간 안에 돌아가실 것이 가장 큰 문제였다. 그런데 그 일이 일어나지 않고 줄기세포가 간에 정착을 한 것이었다.

수술 후 아버님은 눈에 띄게 좋아지셨다. 자리에서 일어나시더니, 사무엘과 다니엘 손주들이 방학이 되어 왔을 때에는 병상에서 직접 걸어나오시기까지 하셨다. 간수치나 혈소판 모두 호전되고 있었다.

'하나님, 감사합니다. 우리 아버지를 살려주셔서 감사합니다.'

또 하나의 감사는 그런 어마어마한 일을 우리 병원에서 해냈다는 사실이었다. 앞으로 굉장히 무서운 기술이 될 일을 내가 생각해냈고, 후배가 해냈다는 것이 너무도 신기하고 감사했다. 그러나 그 달콤한 희망은 2주를 넘지 않았다. 나는 주님 앞에 무릎을 꿇을 수밖에 없었다.

'하나님께서 정하신 일인가? 하나님께서 정하신 일이면 사람이 바꿀 수 없다는 것이 이런 걸 두고 하는 말인가!'

아버님은 또다시 약해지셨다. 시드는 꽃잎에 물을 주는 것도 한 두 번일뿐, 아버님의 생명의 밑바닥에선 더 우려낼 만한 힘이 없었다. 벼랑 끝이었다. 나는 이제 그 어떤 것도 할 수가 없었다. 아버님은 혼수상태로 의식을 잃어가고 계셨다. 나의 두 아들이 영국에서 와서 할아버지 앞에서 말했다.

"할아버지랑 선교하고 싶어서 의학도가 되어 돌아왔어요. 할아버지 우리랑 같이 선교하러 가셔야 해요. 여기서 쓰러지시면 안 돼요."

"으응…. 그…래. 그렇…게 하알…게."

아버님은 정신을 잃으시다가 눈물로 호소하는 손자들을 보고 정신을 차리시더니 희미한 목소리로 말씀하셨다.

그러고는 다시 혼수상태에 들어가셨다. 이젠 그저 복수를 뽑아드리고 지켜보는 것 말고는 할 것이 없었다. 복수를 2리터가량 뽑아드리고 나면, 조금 숨쉴 만하시고, 다시 차면 숨이 가빠지는 일이 반복되었다.

2008년 8월 말, 아버님의 임종이 코앞에 왔음을 인정할 수밖에 없었다. 식구들을 모아 아버님의 임종을 지켜보는 수밖에 없었다. 형은 파키스탄에, 동생은 미국에 있어서 아버님의 임종을 보지 못할 수도 있는 상황이었다. 시간이 흐를수록 속이 타들어가는 듯했다. 형과 동생이 아직 오지 않았기 때문이다.

58년간 한순간도 흔들림 없이 모범적인 신앙 가정의 본을 보이시며, 달려오셨던 어머님은 식사도 거르시며 병을 간호하시더니, "이제는 하나님께 보내드려야 하나보다" 하시며 눈물을 삼키셨다.

아버님은 말씀을 하지도 못하는 상황에서도 눈을 감지 않으시고 뭔가를 애타게 기다리고 계셨다. 눈이 빨갛게 충혈이 되시는데도, 필사적으로 눈을 감지 않으려고 몸부림치셨다. 이미 모든 수치는 한계를 넘어서고 있었다.

'하나님, 아버님의 마지막 호흡을 지켜주세요. 형과 동생이 아직 오지 못해서 아버지가 눈을 못 감으십니다. 제발 조금만 더 생명을 지켜주십시오.'

아버님을 향한 나의 마지막 기도는 응답이 되었다. 형과 동생이 왔을 때, 아버님은 마음을 놓으시고 뜨고 계시던 눈을 감고 뜨기를 반복하셨다. 그렇게 며칠 동안 우리 형제들의 모습을 사랑스러운 눈동자로 바라보셨다.

나는 아버님의 마지막 눈동자를 잊지 못한다! 평생 우리를 아끼신 사랑의 흔적이 그 눈동자 속에 고스란히 담겨 있었다.

'저 눈동자로 지금까지 우리를 보아오셨겠지!'

그 눈동자에 비친 나와 내 형제들의 모습이 소중해보였다. 서로의 소중함의 근거가 아버지의 눈동자 속에서 걸어나오고 있었다.

2008년 9월 1일, 우리 형제들은 마지막 아버님 가실 길을 인하대병원으로 정했다. 오랜 기간 인하대병원을 위해 헌신하셨던 아버지를 위해 해야 할 마지막 도리였다. 병원장님은 개보수를 끝내고 한번도 환자를 받지 않은 그것도 하루 비용만 250만 원이 넘는 특실을 손실을 감수하면서까지 내어주셨다. 그러고는 아침마다 문안을 하면서 진심 어린 정성을 아버님에게 보여주었다.

"박사님은 우리에게 너무도 소중한 분이셨습니다."

우리 가족은 황송하기 이를 데가 없었다.

2008년 9월 9일 새벽 3시, 나의 아버지, 이종찬 장로님이 소천하셨다. 약이 다한 시계 초침이 조용히 정지하듯이 아버지의 심장이 스르르 멈췄다. 어느 햇살이 비치는 가을 날, 평온하게 주님 품에 잠든 아기의 모습처럼 평안해 보이셨다.

우리는 아무 말이 없었다. 통곡도 나오지 않았다. 거룩한 슬픔이었다. 영원히 잠드시는 아버지의 주위를 거룩함이 감싸는 것 같았다. 주변이 환해졌다. 눈을 감으신 아버지가 보는 세계가 어둠이 아니라 빛인 것처럼 아버지가 천국으로 가시는 모습은 우리에게 잊을 수 없는 기억이 되었다.

"얘들아, 어머니는 자식을 눈물로 키우고 아버지는 등으로 키우는 것이란다."

아버님께서 늘 하시던 말씀처럼, 마지막 뒷모습에서조차 아버님은 그 교훈을 우리 형제들에게 보여주셨다. 장례가 시작되자 사방에서 꽃이 왔다. 우리는 경황이 없어서 그 수를 헤아릴 수조차 없었지만, 아버님 혼자 쓰시는 입구부터 위층까지 모든 계단을 채우다가 더는 세울 데가 없자, 화환을 치우고 리본만 매달아도 더 이상 둘 곳이 없었다. 어떻게 알았는지 수많은 사람들이 문상을 오는 것이었다. 수술비를 대신 내줬던 환자부터 의대교수, 의사협회, 학회 관계자, 대한적십자사 지도부, 교회의 성도들 등. 그루터기 같았던 아버지의 삶을 기리고자 많은 분들이 찾아와주었다. 그중에는 나의 초등학교 동창생들도 있었다. 초등학교를 졸업한 후, 한 번도 본 적 없었던 내 친구들이 찾아온 것이다.

"창우야, 오랜만이다. 내가 너 때문에 온 거 아니다. 네 아버님 때문에 온 거야. 네 아버님께서 내 다리가 부러졌을 때 수술해줘서 나았잖아."

"나도 마찬가지야. 내가 철봉에서 떨어졌을 때, 아버님께서 꿰매주셔서 나았어."

지방에서 찾아오는 분들도 많았다.

"박사님 아들이시죠. 저를 모르시겠지만 아버님께 큰 은혜를 입은 사람입니다. 제가 힘들 때 박사님이 수술해주셔서 살았습니다."

"박사님께서 제 위를 잘라주셔서 수술해서 살았습니다. 살아 계실 때 인사를 못 드려 죄송합니다."

"박사님이 저를 수술해주셨는데, 제가 돈이 없어 공짜로 해주셨습니다. 덕분에 제가 살고 있습니다."

이런 인사를 하는 분들 중에 우리 가족이 모르는 분들이 너무 많았다. 그들의 모습은 우리에게 이렇게 말하는 것 같았다.

'아버님은 당신이 아는 것보다 훨씬 더 훌륭한 분이셨습니다.'

장례식 발인 예배 때, 우리 부부는 우리만 알고 있던 아버님의 동영상을 가족들에게 틀어주었다. 아버님이 병치레를 하시는 동안 잠깐 좋아지셔서 팔순 잔치를 한 적이 있었다. 그때 우리 병원에서 작은 방송국을 운영하는 최준희, 김종현 내외가 아버님의 팔순 잔치를 위해서 인터뷰를 하고 동영상을 만든 적이 있다. 그런데 아버님께서 자꾸 유언 같은 이야기를 하시자 그들이 말했다.

"아니, 박사님 왜 자꾸 유언 같은 이야기를 하세요? 다시 건강이 좋아지실 거예요. 유언 말고 다른 말씀을 해주세요."

그도 그럴 것이 잔치 때 아버님은 완치된 것처럼 허리를 꼿꼿이 세우시고 앉아서 웃고 계셨기 때문에, 그 어디에서도 죽음의 냄새를 느낄 수 없었다. 그들은 그 유언 같은 인터뷰는 편집했는데 알고 보니 팔순 잔치 때 하신 말씀이 우리 가족을 향한 유언이었던 것이다. 아버님은 본능적으로 자신의 때가 다 되셨음을 아시고, 유언을 그 동영상에 남겨두셨던 것이다. 그 내용을 최국장 부부가 복원해서 아버님 영전에 드리겠다고 전달해준 것이었다. 나와 아내가 차 안에서 그걸 보면서 얼마나 울었는지 모른다.

"얘들아, 이 땅에서 너희는 서로 사랑으로 섬겨야 한다. 내가 더 공부를 하고 싶었는데, 전쟁과 일제시대 험난한 시절을 살아오면서 하고 싶은 공부를 다 못하고 나이 들었던 것이 아쉽다. 내 뒷바라지를 해주느라 고생한 여보! 우리 가정에 하나님의 사랑을 전해준 당신에게 고맙소. 너희들 모두에게도 고맙다, 고마워. 아비로서 너희들에게 다 해주지 못했지만 고맙게 생각한다. 부디 서로 사랑하고 섬겨야 한다. 서로 이해하고 보살펴주고 하나님의 사랑으로 살기 바란다."

정말 영화 같았다. 아버님께서 마지막 호흡을 거두실 때, 유언 한 마디 못하셨는데, 팔순 잔치 전에 그 말씀을 미리 해두셨던 것이다. 그리고 큰 매형인 황성돈 교수를 통해 팔순 기념으로 《순종할 때 받는 축복》이라는 회고록을 남기셨는데, 가족들에게 아버지를 추억할 때 귀한 자료가 되고 있다.

'아버지! 당신의 유업에 따라 평생 의료선교에 헌신하도록 하겠습니다. 삶으로 보여주신 그 길을 따라 하나님의 영광을 위해 살겠습니다. 아버지께서 사신 모습대로 저도 살겠습니다. 제가 가진 모든 것들로 하나님께 충성하며 봉사하겠습니다. 형제들을 사랑하고 화목하게 살겠습니다. 어머니를 잘 모시겠습니다. 아버지, 하나님나라에서 다시 만나요. 사랑합니다!'

성공과 실패가
가르쳐준 것

라오스와 오랫동안 원만한 관계성을 유지하면서, 우리는 그곳에 병원을 짓는 일이 이뤄질 것을 의심하지 않았다. 라오스의 국회 부의장과 연결되면서 '선교의 길이 열리는구나'라고 생각했다. 그런데 우리의 기대는 빗나가고 말았다. 라오스의 국책 사업과 연결되는 줄 알았는데, 될 듯하면서 실현되지 않았다. 우리는 기도의 끈을 놓지 않고, 또 다른 방법들을 강구해나갔으나 안타깝게도 라오스의 병원 선교는 마지막에 중단되고 말았다. 그러자 상실감이 찾아왔다.

'오랫동안 라오스에 마음을 쏟았고, 병원을 지어서 하나님께 드리려고 했는데, 여기서 끝나는 것인가?'

갑자기 모든 걸 놓아버리고 싶은 심정이었다. 애타는 시도의 끝이 절벽이라는 생각에 이르자, 뜨겁던 가슴이 냉랭해지고 말았다.

'하나님, 병원 선교의 길은 여기까지입니까? 여기에서 접어야 하는 것인가요?'

답답한 마음으로 기도실을 찾았다. 나의 두 손은 떨리고 있었다. 그때 마음 깊은 곳에서 희미한 생각 하나가 올라왔다.

'그래, 라오스에 병원 짓는 일은 어쩌면 하나님께서 끊어내신 건지도 몰라. 하나님께서 우리의 우유부단함을 아신 거야. 만일 하나님께서 끊어내지 않으셨다면, 안 될 일을 가지고 미련하게 계속 붙잡고 있었겠지. 힘을 내서 다시 해보자. 하나님께서 뭔가 다른 길로 우리를 인도해주실 거야.'

그리고 마침내 그 새로운 길이 우리를 찾아오고 있었다. 2008년 여름, 미얀마에서 사역하는 김동호 선교사라는 분이 우리 병원을 찾아왔다. 우리가 돕고 있는 '소중한 사람들' 소개로 찾아온 것이었다. 오랫동안 이야기를 나누는 가운데, 김 선교사님이 10년 넘게 미얀마에서 고아들을 키우고 있다는 것을 알게 되었다.

"기회가 되면 방문하겠습니다."

나는 가벼운 마음으로 말했다. 그런데 그 가벼운 약속이 엄청난 시련과 연단의 장으로 우리를 인도하게 될 줄은 상상도 못했다.

2008년 나와 아내는 미얀마 양곤 외곽에 있는 포칸선교센터라는 곳을 방문했다. 미얀마 시골에 있는 목회자 자녀들과 고아들을 키우고 공부시키는 곳이었다. 백 명 정도 되는 아이들을 김동호 선교사가 돌보고 있었다.

김동호 선교사는 '빛과 소금'이란 회사를 운영하면서 고아원을 운영하고 있었다. 그는 우리를 미얀마 순복음교단의 현지인 총회장에게 안내해주었다.

"미얀마에 병원을 짓고 싶습니다. 병원을 통해 선교를 하는 것이 저희의 비전입니다."

우리의 이야기를 들은 그는 흔쾌히 도움을 주겠다고 약속했다.

"그럼 우리를 도와서 선교사업을 하게 해드리겠습니다. 우리 교단의 총회 건물 4층을 내주겠습니다."

그러나 일을 시작하자 들이닥치는 문제들이 있었다. 곧바로 병원을 짓고 싶었는데 공간도 부족했고, 병원을 지었을 때 일할 인력도 부족했다.

'어떻게 하지? 그래, 일할 인력이 없다면 만들면 돼. 어차피 문제들이 없을 수는 없어. 하나하나 해결하면서 시작해보자.'

처음 시작한 것이 간호학원이었다. 미얀마의 남자들은 대부분 외국 선원으로 나가 있거나 승려가 되는 경우가 많았다. 때문에 여자들이 생활비를 벌어야 하는데, 일자리가 부족했다. 게다가 미얀마에는 간호사가 부족해서 간호조무사를 배출해 미얀마에 적지 않은 도움이 될 수 있었다.

우리는 순복음 교단 4층에 간호학원을 설립하고, 총회 건물 앞에 2층짜리 건물의 한 층을 리모델링해서 무료진료병원을 지었다. 그런데 그 또한 쉽지 않았다. 간호학원은 그럭저럭 유지되었지만, 무료진료병원의 자금을 중간에서 떼이는 일이 발생했다.

'라오스에서 미얀마로 방향을 틀게 하신 분이 주님이시잖아요. 도와주세요.'

기도응답이었을까? 총회장은 우리를 싼다 킴이라고 하는 자기의 조카에게 안내해주었다. 그는 성심성의껏 우리에게 도움을 주려고 했다.

"시내에 클리어 스카이 클리닉이 있는데 그 지분을 사서, 미얀마의 가장 부자동네인 골든밸리라는 곳으로 옮겨 병원을 운영해보는 것이 어떻겠습니까?"

우리는 제안을 받아들여 66퍼센트의 지분을 사서 선교 클리닉을 시작했다. 시작이 좋지는 않았지만, 하나님께서는 우리를 새로운 방향으로 인도해주셨다. 클리어 스카이라는 병원을 통해 장차 미얀마에서도 수술을 할 수 있는 메디칼센터를 시작해보겠다는 열정이 다시 한 번 솟구쳐 올라왔다.

그때부터 우리는 여러 차례 미얀마를 드나들면서 진료를 할 수 있었다.

'하나님, 라오스에서 하지 못한 일을 미얀마에서 허락해주시니 감사합니다.'

병원 선교의 꿈이 순풍을 만난 듯했다. 그런 과정에서 미얀마에 있는 성공회 대주교를 만나는 일이 있었다. 그 분이 우리에게 진료를 부탁해서 많은 환자들을 돌봐준 일이 있었는데, 그 교회에는 200년

된 빨간 벽돌 2층짜리 건물이 있었다.

"이 건물의 일부를 쓰게 해주겠습니다. 선한목자병원에서 이 건물을 병원으로 운영해주면서 이곳 환자들을 치료해주십시오."

진료에 만족한 대주교가 선뜻 성공회의 건물 일부를 할애해주겠다고 나온 것이다. 그러나 막상 일을 시작하려고 하자, 대주교는 말을 바꾸기 시작했다.

"영국 성공회랑 연결되어 있어서 우리 마음대로 할 수가 없습니다. 다시 회의하고 말씀드리겠습니다."

그런 일이 반복되기 일쑤였다. 우리는 성공회가 아닌 감리교와 손잡고 병원 선교의 확장의 길을 모색하기로 했다.

우리는 어렵지 않게 미얀마 감리교 교단의 감독을 만날 수 있었다. 우리의 의도를 좋게 여긴 감독은 은퇴를 앞두고 있었기에 후임자에게 우리를 연결해주었다. 새로운 감독은 다시 우리를 CMC 교회의 대표들에게 연결해주었다. 그 교회는 감리교 선교 100주년을 맞아 6층짜리 건물을 짓고 있었다. 우리가 병원을 하겠다고 하니까, 그 건물을 기꺼이 임대해주겠다는 것이었다. 그렇게 건물을 임대받게 되었다. 그리고 병원을 하기에는 좁은 감이 있어서 그 건물과 붙어 있는 유치원 건물까지 임대하며, 병원을 짓기 시작했다.

당시 미얀마는 군부 정치가 막 끝나고 민간 정치로 넘어가는 과도기로 여전히 사회주의 체제의 군정에서 벗어나지 못한 상황이었다. 아웅산 수지 여사도 감금되어 있었고, 우리도 자유롭게 미얀마를 들락날락하기가 쉽지 않은 분위기였다. 우리는 긴박하게 일을 진행할 수밖에 없었다. 그래야 언제 변화가 일어날지 모르는 정치 분위기에 역풍을 덜 맞을 거라 생각했던 것이다.

그러나 또다시 예상치도 못했던 문제들이 터지기 시작했다. 문제의 발단은 엘리베이터였다. 건물이 진행되는 과정에 엘리베이터를 놓아야 했는데, 공사비만 8천만 원이 들어가는 상황이었다. 미얀마는 거의 엘리베이터를 설치하지 않았다. 그러나 우리로선 엘리베이터가 없는 병원은 상상할 수 없었다. 그렇게 되니 엘리베이터의 설치 비용을 우리가 안고 가야 하는 상황이 벌어졌다. 타협 끝에 반씩 지불하기로 하고 돈을 미리 보내주었다.

우리가 비용을 지불할 일은 아니었지만, 미얀마의 백주년 기념 건물에 선교하는 마음으로 기꺼이 비용을 부담해서 공사가 시작되게 한 것이다.

그런 과정에서 우리는 CMC 교회의 대표 여섯 명을 한국으로 초청해서 장인 장모님과 식사하는 자리를 마련했다. 식사를 마친 후, 장인 장모님께서 우리 부부에게 따로 말씀하셨다.

"다시 생각해봐야 할 것 같구나. 그들의 영적인 상태가 우리랑 다른 것 같다. 아무리 좋은 조건을 내밀어도 깊이 들어가지 않는 게 좋겠어. 꼭 명심해."

그러나 우린 이미 깊이 들어가 있어서 발을 뺄 수 있는 상태가 아니었다. 결국 공사가 거의 끝이 났다. 이미 우리는 엄청난 돈을 공사

비로 지불한 상황이었다. 그들은 우리에게 임대료를 받는 입장이고, 우리는 고치고 들어가서 임대료를 내야 하는 불공정한 조건이었다. 그래도 감수하겠다고 작정했던 것이다. 공사가 거의 완료되었다는 소식을 듣고 우리 부부는 다시 그곳을 방문했는데, 황당한 광경을 보고 말았다.

'세상에 이런 일이 있을 수 있을까?'

엘리베이터를 설치했다고 해서 가보았더니, 엘리베이터 바닥이 지상보다 70센티 높은 곳에 설치되어 있었다. 공사를 도면대로 하지 않은 것이었다.

"이게 어떻게 된 겁니까? 바닥 공사를 도면대로 했어야지요."

"어쩔 수 없습니다. 바닥에 지지용 파일 대신에 시멘트 덩어리를 묻어놨기 때문에 땅으로는 엘리베이터가 내려갈 수 없습니다."

어이가 없었다. 쓸 수도 없는 엘리베이터를 8천만 원이나 들여서 만들어놓은 것이다.

"이렇게 설치를 할 수는 없는 겁니다. 정말 이해할 수 없네요."

그들은 도리어 우리가 이해되지 않는다는 표정을 지었다.

"이 박사님! 미얀마에는 이런 일이 비일비재해요. 이런 일은 감수하셔야 합니다."

"그렇다면 설계부터가 잘못된 거 아닙니까? 쓸 수도 없는 걸 비싼 돈 들여 만들어놨는데, 그냥 감수할 수 있단 말입니까?"

그래도 돌아오는 답변은 더는 손쓸 수 있는 방법이 없다는 것이었다. 나는 나름대로 대책을 찾을 수밖에 없었다. 한국에 있는 기술진들을 데리고 와서 다시 엘리베이터를 설치해야겠다고 생각했다. 그 과정에서 문제가 곪아 터지기 시작했다.

원래 공사를 맡은 싱가폴 회사는 건축 부분과 기계 설비 두 분야를 담당했는데, 기계 설비 쪽 일을 미얀마 회사에 맡긴 것이다. 그런데 기계 설비 분야를 한국 기술진들에게 넘기겠다고 하니까, 미얀마 회사에서 책임을 떠넘기는 것이었다.

"그럼 당신들이 책임을 지십시오. 우리는 책임 없습니다."

한국에서라면 말도 안 되는 이야기였다. 정해진 가격에 하기로 해놓고, 중간에 못하겠다고 해서 우리가 하는 건데, 안하무인격으로 우리한테 책임을 떠넘기는 것이었다. 우리는 CMC 교회 측에 책임을 물을 수밖에 없었다.

"이게 말이 됩니까? 그쪽에서 우리에게 죄송하다고 사과하고 돈을 돌려줘야 하는데, 오히려 우리에게 책임을 떠넘기다니요? 자기들이 공사 안 하니까 계약 파기에 대한 책임을 우리에게 내라고 하는 것이 말이 됩니까?"

그러자 그들의 속내가 드러나기 시작했다. 오히려 어이없다는 듯이 미얀마 회사의 편을 들어주는 것이었다.

"미얀마는 그렇게 합니다. 다시 엘리베이터를 완성하려면 당신들이 돈을 책임져야 합니다. 당신들이 한국 기술진을 데려오는 거니까 당신들이 책임지는 게 맞습니다."

도무지 잘못을 인정하지 않았다. 하는 수 없이 우리는 변호사를 대동해서 CMC 교회 측을 찾아갔다. 그러자 그들은 불같이 화를 내면서 계약을 파기하자고 나오는 것이었다. 그렇게 해서 병원의 확장 기회가 완성단계에서 좌절되고 말았다.

나중에 알고 봤더니 미얀마 군정이 민간 정부로 바뀌면서 병원을 허락해주지 않는 것이었다. 정부가 이양되고 법이 바뀌면서, 병원을 짓는 행정 절차가 까다로워졌고, 그걸 감당하기 어려운 CMC 교회 측이 우리에게 책임을 떠넘겼다. 엘리베이터 건이 원만하게 해결되었다고 해도 다른 구실을 들어 파기했을 상황이었다.

그래도 미얀마 병원 선교를 포기할 수 없었다. 미얀마 감리교회와는 결별을 하고, 선한목자병원에서 파견한 사람을 통해 새로운 길을 모색하기 시작했다. 우리는 미얀마에 오고가는 과정에서 '제네베라'라는 회사를 갖게 되었는데, 그곳에 파견한 한실장을 통해서 미얀마의 의사협회와 연결되었다.

2012년 1월, 우리가 만난 사람은 미얀마 의사협회의 '미엔통' 교수였다. 그는 의사협회의 총무간사로 정형외과 학회장을 맡고 있었다. 그가 내게 한 가지 제안을 했다. 미얀마에 신기술을 가르쳐달라는 내용이었다. 미얀마에서 최고의 의료시설을 갖춘 빠라미 병원이 있는데, 유일하게 무균실(수술실)을 갖춘 소아과 전문병원이었다. 그곳에서 내가 수술을 집도하며 전문적인 기술을 가르쳐달라는 것이었다.

더없이 좋은 기회였다. 하나님께서 새로운 길로 우리를 인도해주시는 것 같았다. 곧바로 수술 일정이 잡혔다. 수술 환자들은 두 명의 축구 선수였다. 한 명은 국가대표이고, 다른 한 명은 일반 선수였는데 둘 다 십자인대 파열이었다. 당시 미얀마에서는 십자인대 수술은 한 번도 시도된 적이 없는 신기술이었다. 그래서 미얀마의 축구 선수들은 십자인대가 끊어지면 축구 인생이 끝나는 걸로 여기고 있었다. 태국이나 싱가폴에 가서 수술을 받기도 했지만, 결과가 좋지 않아 보통은 은퇴를 하는 것이 상식이었다.

우리 병원의 의료진들을 대동시키고, 아내의 기도에 힘입어, 두 선수에게 수술을 했다. 수술은 성공적이었다. 그러자 미얀마 뉴스와 신문에 대서특필되고 인터뷰까지 하게 되었다. 현지에서는 최초로 관절경을 이용한 십자인대 수술이 이루어진 것으로, 새로운 의학의 혁명이 일어난 것으로 여겨지고 있었다.

그러자 빠라미 병원의 원장인 테인농 교수가 우리 병원과 어그리먼트(계약약정서) 체결을 요청해왔다. 어그리먼트 계약은 MOU(양해각서)보다 윗 단계로, 법적인 효력도 발생하는 확실한 계약이라 할 수 있다. 소아전문병원이었던 빠라미 병원은 우리와의 관계를 통해 대학병원급에 해당하는 전문종합병원의 발판을 마련하고자 한 것이다. 특히 당시 존스홉킨스 대학이 미얀마의 문턱을 두드리고 있었는데, 내가 그곳 출신이라는 사실이 그들에게는 큰 호감으로 다가갔다. 그들은 나를 대대적으로 광고하기 시작했다.

그때부터 나는 우주복을 입고 하는 미얀마 최초의 수술을 시연하게 되었다. 인공관절 수술은 대개의 경우 14센티 정도를 째는데, 우리 병원은 9센티 정도를 째서 수술할 수 있는 기술을 가지고 있었다. 9센티는 최소 절개라고 할 수 있다. 세라믹 코팅이 된 소위 3세대 인공관절 수술인 것이다. 그런 수술을 미얀마에서 최고의 교수들을 조수로 쓰면서 하게 된 것이다. 텔레비전 뉴스에서도 존스홉킨스와 하버드에서 하는 시술이 시행되었다고 연신 보도를 내보내고 있었다.

우리는 터져나오는 기쁨을 감출 수 없었다. 정말 미얀마에 시온의 대로 같은 선교의 길이 열리고 있었다. 마침내 미얀마 정부에서 우리와 어그리먼트를 체결하는 일이 일어났다. MOU만 맺어도 주식값이 폭등하는데, 법적 효력을 갖는 어그리먼트를 맺으면서 우리 병원과 미얀마 정부의 계약은 완성되었다.

'그동안 고생하며 버텨왔는데, 이런 성공의 결실을 거두게 하시는구나! 하나님, 감사합니다.'

계속 감사가 터져 나왔다.

6월이 되자 우리 병원은 미얀마 정부와 체결된 일들을 공식적으로 할 수 있게 되었다. 미얀마의 제2의과대학에 나는 외국인으로는 처음으로 방문 교수가 되었다. 교수들이 와서 내 강의를 들었다.

또 나는 매달 큰 수술을 무료로 시연해주었다. 태국이나 싱가폴에서 큰 돈을 들여야 할 수 있는 수술을 무료로 해준 것이다. 매달 금요일이 되면 한 시간 반 강의를 하고, 수술방에 들어가 수술 시연을 반복했다. 그렇게 무료수술을 해주는 과정에서 더 많은 관절 및 척추 환자들을 만나게 되었고, 계속해서 알려지면서 환자들이 늘어갔다. 점심을 못 먹을 정도로 많은 환자들이 찾아왔다. 이런 일은 미얀마에서는 있을 수 없는 일이었다. 미얀마의 의사들은 우리나라의 대학병원과 비슷해서 얼굴 보고 처방하면 끝나는 진료 관행을 가지고 있었다.

그러나 나는 평소 선한목자병원에서 하던 습관대로 환자 무릎 앞에 쪼그리고 앉아 아픈 부위를 만져가면서 문진을 했다. 그러자 어색해하던 환자들이 마음을 열고 다가오기 시작했다.

그런 일이 일 년 넘게 진행되는 가운데, 더 큰 호재가 우리에게 다가오고 있었다. 2013년 12월에 있을 동남아시안 게임을 미얀마에서 열게 되었던 것이다. 동남아시아는 한국과 일본, 중국을 제외시키고 자기들끼리 2년에 한 번 아시안 게임을 열고 있었는데, 그 일을 미얀마의 민정체제에서 처음으로 맡게 된 것이다. 정부의 입장에서 제일 큰 고민이 의료였다. 부상을 입은 선수들을 효과적으로 치료해줄 수 있는 의료체계를 갖추지 못하고 있었던 것이다. 그래서 급하게 우리를 선택해서 어그리먼트를 맺었던 것이다.

나는 동남아시안 게임을 위한 강의를 늘려나갈 수 있었다. 선진 스포츠의학과 응급 의학 강의를 비롯해서, 정형외과뿐 아니라 머리와 심장까지 응급처치하는 법을 제2의과대학에서 하게 되었다. 2013년 11월까지 우리의 비전은 날아오르는 것 같았다.

그러나 또다시, 선교의 비전이 한순간에 접히는 일이 터지고 말았다. 목표 지점으로 잘 날아가던 화살이 갑자기 땅에 처박히는 심정이었다. 하나님께서 시온의 대로같이 펼쳐지던 길을 갑자기 막아버리신 것이다.

한순간에 모든 사람들이 우리에게서 등을 돌려버렸다. 미엔통 교수가 나를 피하기 시작하고, 정부 관계자들을 비롯해, 의사협회 사람들도 나를 멀리하기 시작했다.

이유는 하나였다. 그들이 우리의 의도를 알아챈 것이다. 우리가 선교를 목적으로 한다는 사실을 알게 되자 연결된 사람들이 끊어져 나가고, 미얀마 정부와 맺었던 법적인 효력도 상실되어버렸다. 빠라미 병원의 진료도 중단되었다. 알고 보니 미얀마 법에는 선교를 목적으로 하는 그 어떤 행위도 용납하지 않고 있었다.

'어떻게 이런 일이 일어날 수 있단 말인가? 하나님! 도대체 왜 이런 일이 일어나는 걸까요?'

선교의 여정에서 가장 고통스러운 경험이었다.

'이제 곧 미얀마에 수술이 가능한 선교 병원을 세울 수 있는 문턱에 와 있었는데, 어떻게 이렇게 한순간에 무너질 수 있단 말인가?'

한국에서는 도저히 상상할 수도 없는 일이 미얀마에서는 일어나고 있었다. 한 사람의 말 한 마디에 지금까지 진행되었던 모든 것이 다 무너지고 말았다. 아무리 잘해주고, 도움이 되어도, 하루아침에 등을 돌려버릴 수 있다는 게 무엇인지 실감했다.

'하나님께서 왜 이런 상황을 허락하셨을까? 차라리 처음부터 막으시지, 열어주시고 마지막에 닫히게 한 이유는 무엇일까?'

라오스 때보다 훨씬 더 막막해졌다. 아니 막막하다 못해 텅빈 허탈감이 찾아왔다. 이제 미얀마에는 우리들의 흔적이 별로 남지 않았다. 처음에 세웠던 무료진료소 세 곳이 정리되었다. 간호학원은 2년 정도 운영하다가 미얀마에 넘겨졌다.

남은 것이라곤 굳셰퍼드메디컬센터 하나뿐이다. 그리고 그 센터 안에 병원을 세우려고 준비해놓았던 7억 상당의 의료 기구들이 제구실을 하지 못하고 멈추어져 있다.

솔직히 눈물만 나온다. 당하기도 많이 당했다. 하나님을 이야기하지만 사실은 신앙이 없는 사람들도 많았다. 우리의 의도를 이권의 도구로 이용하는 사람들도 있었다. 비용을 떼먹고 떠난 선교사들도 있었고, 방해하고 모함하는 사람들도 있었다.

그러나 좌절할 필요는 없다. 우리는 공사중이다. 공사중일 때에는 실수할 수도 있고, 다시 쌓아야 할 때도 있다. 그저 "통행에 불편을 드려 죄송합니다"라는 안내문을 걸고 죄송한 마음을 표하며, 열심히 설계 도면을 따라 성실하게 지어나가면 된다. 결국 공사가 끝나서 많은 이들이 잘 사용하면, 과거의 모든 불편은 용서될 것이다. 그리고 주인 되신 하나님께서 기뻐하실 것이다. 그러기에 주님 안에서 내 인생은 실수는 있을지언정 실패는 없는 것이다.

지금까지의 성공과 실패의 과정은 우리에게 표면적으로 두 가지를 가르쳐주었다. 하나는 철저하게 하나님의 뜻이 무엇인가를 알아야 한다는 것이다. 모든 순간 하나님의 뜻을 물어야 한다. 그 뜻을 알고 따랐다면 끝까지 실망하지 않고 따라가는 순종만이 유일한 성공임을 알게 되었다. 만일 하나님의 뜻과 그분의 목적이 무엇인지 몰랐다면 우리는 포기했을 것이다.

그러나 지금도 포기할 수 없는 이유는 미얀마를 향한 하나님의 뜻이 무엇인지를 알기 때문이다. 우리가 닿아야 할 푯대의 거리가 남아 있기에 오늘도 이 길을 가는 것이다.

또 하나의 깨달음은 선교에 충분한 리서치가 필요하다는 것이다. 하나님의 일은 용기만으로 되지 않는다. 지혜와 인내가 필요하고 갖가지 수모를 당하더라도 견딜 수 있는 강한 마음이 필요하다.

그러나 무엇보다 귀하게 얻은 깨달음은 '주님은 주시고 주님은 찾으시는 분'이라는 것이다. 주시기도 하시지만 다시 빼앗아오시기도 하신다는 것이다. 미얀마의 경험이 우리를 이 깨달음으로 인도해주었다. 하나님은 사랑하는 자녀가 가는 길을 늘 우리의 생각대로 열어주시지는 않는다. 그렇게 하시는 이유는 하나님의 일보다 하나님을 더 사랑하게 만드시기 위해서리라. 하나님의 뜻은 미얀마에 병원을 세우는 것보다 우리가 먼저 하나님이 주인 되신 그분의 집이 되는 것이다. 미얀마에서 일이 끝까지 잘되었으면 아마도 나는 내가 머리가 되고자 하는 마음이 일어났을 것이다.

그런 의미에서 본다면 미얀마 선교는 아직 끝나지 않았다. 지금

한 템포를 늦추신 것이 오히려 은혜일 것이다. 내가 하나님의 집이 되고, 선한목자병원이 하나님의 집이 되어, 다시 미얀마를 향하게 될 때 미얀마의 주인이 되고자 하는 하나님의 목적이 이루어질 것이다. 실제로 우리는 새로운 국면을 맞이하고 있다. 양곤에 있는 병원들과의 협력관계를 추진 중에 있고, 미얀마 국경지대의 오지에 진료소를 시작하고 있다.

모든 축복 주신 주님 찬양하리
어둔 날이 다가와도 난 외치리
주의 이름을 찬양해
주의 이름을
주의 이름을 찬양해
영화로운 주 이름 찬양
주님은 주시며 주님은 찾으시네
내 맘에 하는 말 주 찬양합니다
_디사이플스, 〈주 이름 찬양〉 중에서

2

은혜라 쓰고 빛이라 읽는다

어머니의
기도

우리 가문은 선생님이 많은 가정이었다. 충청도를 터로 삼고 할아버지 5형제가 한 분만 빼고는 모두 교장 선생님이셨다. 할아버지께서는 6남매를 낳으셨는데 할아버지를 이어서 작은아버지 두 분과 고모부 두 분 모두 교편을 잡으셨다. 유독 나의 아버지 한 분만 이단아처럼 의대를 가셨다.

전형적인 충청도 가문인 데다, 교육자 전통을 지닌 터라 집안 분위기는 대단히 유교적이었다. 어머니는 양반 가문의 종손 가정에서 태어나셨는데, 1950년 의대생이던 두 살 위의 아버지와 결혼하셨다. 일찍이 홀로 신앙생활을 하셨던 어머니는 철저한 유교 집안에 시집을 와서 수많은 제사를 치러내셔야 했다. 제사는 어머니의 신앙 양심을 쿡쿡 찌르는 바늘 같았고, 시집살이는 어머니의 뜨거운 신앙

열정을 막아서는 벽과 같았다. 그래도 며느리로서의 도의를 버리지 않고 집안의 모든 허드렛일을 도맡아 감당하시는 어머니를 할아버지는 기특하게 여기셨다.

"애야, 시집살이를 하면서 집안일을 꼼꼼하게 잘하는 모습을 보니 참 기특하구나. 내가 널 위해서 뭘 해줬으면 좋겠니?"

"저… 아버님, 죄송스럽지만 저는 교회에 꼭 나가야 합니다. 새벽예배를 가게 해주십시오."

"교회 가는 게 뭐가 힘들다고 그렇게 조심스럽게 이야기하니? 내일부터 당장 나가도 좋다!"

어머니는 하늘 같은 시아버지의 허락을 받고 그때부터 하루도 빠짐없이 새벽예배를 나가셨고, 금요 철야예배와 주일예배까지 나가실 수 있게 되었다. 교회에 가실 때마다 가장 먼저 드리는 기도의 제목은 시집과 친정이 복음화되는 것이었다. 그 기도가 씨앗이 되었다. 어머니의 믿음이 누룩같이 퍼지더니 우리 집안을 기독교 가문으로 변화시킨 것이다.

어렴풋하지만 내가 대여섯 살 때의 일로 기억한다. 어머니는 새벽마다 나를 깨우셨다. 그 당시 어머니가 나가시던 교회는 인천성산감리교회였다. 1948년에 개척된 교회였는데, 기도실은 의자가 없고 방바닥 같은 곳이었다. 골방 깊숙한 곳에 목사님이 앉아서 기도를 하셨고, 어머니는 그 바로 뒤에 앉으셔서 기도를 드리셨다. 어린 나는 눈을 비비고 일어나 어머니 등에 업혀 교회를 갔다. 그리고는 어

머님 품에 안겨 졸면서 잠결에 들려오는 어머니의 기도 소리를 들을
수 있었다.

"주님, 저희 시댁과 친정이 주님을 만나게 해주십시오. 저의 남편이
신앙을 가지게 해주십시오."

그다음 큰 아들부터 막내까지 하나하나 이름을 불러가며 간절히
기도를 드리셨고, 기도 막바지에는 꼭 이런 간청을 하셨다.

"주님, 세 아들 중에 하나를 주님의 종으로 만들어주십시오."

키가 크고 덩치도 좋았던 형은 운동선수나 건축설계사가 되고 싶
다고 말하곤 했다. 그래서 의사나 목사를 시키려는 부모님과 자주
충돌했다. 당시만 해도 청주 친가의 우리 형제들은 밥상에서 식사를
하고 누나들은 저만치 떨어져 따로 모여 양푼에 밥을 먹던 시절이었
다. 그만큼 아들에 대한 대우와 사랑이 남달랐다. 그런데 장남인 형
의 의지가 부모님의 기대에 부응하지 못한 것이다.

그런 부모님의 마음이 안타까웠는지, 동생과 나는 이불 속에서 이
런 대화를 나눴다.

"어머니가 자녀 중에 목회자 하나를 만들어달라고 간곡히 기도드
리고 계시지 않니? 누나들은 시집 갈 사람들이니 안 될 테고."

"그럼 우리 세 명 중에서 목회자가 나와야겠네?"

"그래, 근데 아무래도 형은 목사가 될 것 같지는 않아. 그래서 확
률은 반반이야. 너 아니면 내가 되는 거야."

"형! 그럼 형하고 나하고 둘 중에서 하나가 목사님이 되는 거야?"

"그래야 할 것 같아. 근데 난 슈바이처 같은 의사가 되고 싶어. 어쩌지?"

"그럼 내가 해야 한다는 말이야? 내가 의사가 되고 형아가 목사가 되면 안 돼?"

어머니의 오랜 기도의 결과일까? 절대로 의사나 목회자가 되지 않을 것이라고 선포했던 형이 선교사가 되었다. 벧세메스로 언약궤를 싣고 가던 소처럼 복음의 황무지인 P국으로 건너가 우직하게 복음의 씨를 뿌리고 있다.

동생은 자기의 꿈대로 의사가 되었다. 복강경 수술의 권위자로 삼성의료원에서 외과 전임의를 거쳐서 한양대 의대 교수를 지냈다. 그러다가 어느 날 하나님의 부르심을 듣고 모든 것을 내려놓더니, 미국 풀러신학교에 진학해 목회학 석사를 취득했다. 지금은 평양에서 후학들을 가르치고 있다. 슈바이처 같은 의사가 되겠다던 나는 의료선교를 통해 하나님나라를 열망하는 정형외과 의사가 되었다. 이제 오십을 넘긴 우리 형제들은 가끔 모여서 농담을 한다.

"그때 어머니의 기도가 다소 셌어."

86세이신 나의 어머니 김용화 장로! 어머니는 지금도 새벽예배를 나가신다. 그 기도 속에서 우리 5남매의 이름이 여전히 제단 위에 올라가고 있다. 어머니가 뿌리신 기도의 씨앗은 하나도 땅바닥에 버려지지 않았다. 나는 어머니를 통해서 응답받는 기도의 힘을 보았다. 어머니가 기도하시면서 마음속에 그리신 영적인 지도가 정확하게 우리 형제들의 인생 지도가 되었다.

과도한 수술 집도로 인해 피로와 스트레스 속에 살아가시던 아버님을 믿음으로 돌아오시게 한 것도 어머니의 기도였고, 아버지로 하여금 단순한 의사의 지평을 넘어 온 세계의 가난하고 고통받는 사람들을 찾아가 치료해주고 기도로 복음을 전하게 하셨던, 거룩한 선교의 열정을 품게 하신 것도 어머니의 기도 속에서 잉태된 열매였다.

장모님은 늘 "믿음 좋은 며느리가 들어오면 3대를 바꾸어놓는다"고 간증하시는데, 나는 두 어머님 모두가 기도로 양가의 3대를 바꾸어놓으신 믿음의 선배라고 생각한다. 나는 지금도 무엇을 하든, 어디를 가든, 내 뒤를 든든하게 받치고 있는 어머니의 기도를 의식한다. 이 세상에 어머니의 기도보다 더 강력한 힘이 있을까? 간절한 어머니들의 기도의 응답을 그 자녀들이 받아 누리는 것 같다. 지금은 80세가 훌쩍 넘으신 내 어머니가 무슨 힘이 있으랴! 그러나 자식을 향한 무서운 사랑! 그 무서운 사랑에서 뿜어내는 기도는 하늘 보좌를 흔드는 힘인 것이다.

내가 어머니에게 물려받고 싶은 유산이 있다면, 그것은 바로 기도이다. 하나님 앞에 바짝 엎드려, 문제를 하나하나 내려놓고 기도하는 모습이 내 영혼의 골수가 되고, 내 생애를 이끄는 영적인 유산이 되었다.

영혼을
살리는 인생

아버지는 1960년부터 경기도립병원 외과 과장을 맡으셨다. 그 당시 농약을 먹고 자살을 시도하는 환자가 많았다. 죽기도 많이 죽었지만, 자살 실패로 찾아오는 환자들이 줄을 이었다.

　아버지는 외과의사셨지만 장을 잘라내 망가진 식도를 대체하는 수술에도 일가견이 있으셨다. 뿐만 아니라 산부인과 수술에다 내과 진료까지 해내셨다. 모든 수술을 다 잘한다고 소문이 나서 수술 환자들이 끊임없이 밀려들었다. 심지어 경인 지방에서 발생하는 사고의 사체 부검까지 담당하셔야 했다.

　그러다 보니 환자들과 동료 의사들뿐 아니라, 경찰들과도 친분이 두터우셨다. 아버지가 원치 않아도 매일 술자리가 이어졌다. 당시 통행금지 시간이 정해져 있던 시절이었지만 아버지는 아랑곳하지 않고 새벽 한두 시까지 술자리를 갖고 경찰 지프차를 타고 집에 오곤 하셨다. 그렇게 술을 많이 드시고서도 아침이면 오뚝이처럼 일어나서서 연일 반복되는 수술을 하러 가셨다.

1968년 아버지는 인천에 아버지의 이름을 건 이종찬외과의원을 개원하셨다. 하지만 여전히 의사 친구들과 함께 술을 많이 드셨다. 주일예배는 빠지지 않으셨지만 형식적으로 교회를 다니셨다.

어머니는 그런 아버지를 보며 속만 태우셨다. 새벽기도 때마다 남편이 하루빨리 신실한 신앙의 길로 돌아오게 해달라고 간구하셨다.

그러던 중 어머니의 기도 응답은 상상치도 못했던 방식으로 이루어졌다. 내가 초등학교 3학년 때의 일이다. 학교를 마치고 집에 와 보니 우리 집 3층 마루에 긴 나무 상자가 덩그러니 놓여 있었다. 나는 그 나무 상자가 무엇인지도 알지 못했다. 알고 보니 시신이 담겨 있는 관이었다.

"이종찬! 이종찬 어디 있어? 내 아내 살려내란 말이야. 살리는 게 의사지 죽이는 게 의사냐?"

한 아저씨가 죽은 아내를 살려내라고 고래고래 소리를 지르고 있었다. 어찌나 횡포가 심했던지, 병원 업무가 마비되었다. 어머니는 벌벌 떠시고 아버지는 집에 들어오실 수가 없었다.

아저씨는 첫날 그렇게 소동을 벌이다가 장례를 치르고 와서는 매일 집과 병원에 찾아오기를 반복했다.

사건의 개요는 이랬다. 병원 근처에서 대형 교통사고가 발생했는데, 사고 환자는 다른 병원들을 몇 군데 거쳐서 아버지의 병원으로 이송되어 왔고 몇 분 뒤 과다 뇌출혈로 사망했다. 아버지는 사망 직전의 환자를 받아서 손도 제대로 써보지 못하고 졸지에 의료사고를 당한 것이다. 그런데도 사망자의 남편은 아내의 죽음을 아버지의 실수라고 덮어씌우고는 돈을 요구해왔다. 나중에 알았지만 별거 상태였던 남편이 아내의 죽음을 통해 한밑천 잡아보려는 속셈이었다.

병원 안에 돗자리를 깔고 업무를 볼 수 없을 정도로 큰 소리로 행패를 부리는 상황이 일주일 넘게 지속되었다.

"여보, 하나님께 기도하라는 사인 같아요. 이제 과거의 삶을 회개하고 주님 앞에 돌이키셔야 해요."

한없이 초췌해진 아버지께서 고개를 숙이셨다.

"주님께서 정말로 이 상황을 극복할 수 있게 도와주실까?"

"그럼요, 전능하신 하나님은 이 사건의 진실을 알고 계세요. 여보, 힘내세요."

부모님이 다니시던 인천 성산교회 목사님과 성도들이 함께 중보기도로 힘을 보탰다. 아버지는 그 중보기도의 힘을 느끼셨는지 그때부터 다른 사람이 되어가셨다.

"좋소. 이제부터 술을 끊고 신앙생활 열심히 하겠소."

신기한 일이 일어났다. 전혀 누그러들 것 같지 않던 망자의 남편 태도가 달라졌다. 그러더니 얼마 가지 않아 조용하게 마무리되는 것이었다.

아버지는 그날 이후로 술을 완전히 끊으셨다. 아예 술을 입에 대지 않겠다는 원칙을 세우시고 고수해 나가셨다. 모든 공예배는 물론이고 새벽예배도 정성을 다해 드리셨다. 교회 재정부장을 맡아 회계 처리를 하셨는데, 돈에 착오가 생기면 당신 주머니에서 돈을 꺼내 모자란 부분을 채우셨다. 연세가 많으셨던 최준옥 담임목사님을 친아버지처럼 정성껏 모셨는데, 매일 저녁 인사를 드릴 때마다 가슴에 품어 따뜻하게 만든 영양주사도 놔드렸다.

지금 생각해 보아도, 하루아침에 새로워진 아버지의 변화는 내게 늘 신비로 남아 있다. 아무리 큰 변고라 해도, 어떻게 그렇게 좋아하시던 술을 단숨에 끊고, 신실하게 변할 수 있었을까? 어떻게 작은 미동도 없이 과거의 흔적을 완전히 지워버릴 수 있었던 것일까?

한동안은 아버지의 의지력이 강하기 때문이라고 생각했었다. 그러나 나도 세상을 살다 보니, 조금은 알 수 있을 것 같다. 아버지를 변화시킨 동력은 아버지의 의지력이 아니었다는 것을. 아마도 그것은 '부르심'이었을 것이다. 그 당시 아버지의 연세가 42세, 아버지는 그때까지 자신의 인생과 하나님의 부르심 사이에서 번민하며 갈등하셨을 것이다.

그러던 중, 당신의 힘으로 어떻게 해볼 도리 없는 막다른 한계 상황에서, 천둥처럼 부르시는 하나님의 부르심을 강력하게 들으셨던 것이리라. 아마도 1969년의 그때가 하나님의 목적이 아버지의 인생 속에 들어온 카이로스 시간이었을 것이다.

그 후로 2008년까지 아버지는 새 인생을 사셨다. 거듭난 인생, 하나님의 목적에 압도되어 이끌린 인생! 목숨뿐 아니라, 영혼까지 살리는 인생으로 살다 가신 것이다.

아버지는 1988년부터 3년간 인천시 의사회장을 지내시다가, 1993년에는 대한적십자사 인천지사 회장을 맡으셨다. 1997년부터 인하대 부속병원 건강증진센터 소장으로 재직하시고, 2004년 우리 병원(선한목자병원)에 고문으로 오셔서 중국, 인도네시아, 라오스, 미얀마, 파키스탄, 네팔 등을 다니며 환자들을 치료하시며 복음을 전하셨다. 그리고 2008년에 80세의 나이로 주님의 부르심을 받으셨고 지금은 묵시의 세계 속에서 영원한 생명을 누리고 계신다.

떨기나무에
붙은 불

1995년 8월 9일, 나는 그날을 잊지 못한다.

"나는 이제 사업을 접겠어. 하나님의 일을 할 거야. 하나님이 나를 부르시는 나라에 선교사로 갈 거야!"

나는 내 귀를 의심할 수밖에 없었다. 내 기억 속에 형의 모습은 방황하는 사람이었다. 형은 불 그 자체였고, 불을 표출하는 사람이었다. 어머니는 형이 목회자나 의사가 되길 원하셨지만, 형의 기질은 그 길과 맞지 않았다. 어렸을 때부터 형의 세상은 형의 뜻대로 이루어지지 않았다. 대학도 직장도 사업도 그리고 가슴 아프지만 신앙생활도 그 어느 것 하나 형의 바람대로 되지 않았다.

소망은 이중적이다. 성취를 바라볼 때는 가슴이 뛰지만, 성공이 멀어 보일 때 더욱 절망하게 된다. 형은 절망을 분노로 표출하였고,

분노는 삶의 복잡성과 깊이를 들여다볼 만한 안목 없이는 결코 수용할 수 없는 것이었다. 형은 자신의 고민을 말하며 집을 뛰쳐나간 적도 있었다.

"하나님이 원망스럽다. 부모님은 매우 열심이시지만 나에게는 하나님이 안 계신 것처럼 느껴진다."

우리 가족은 형을 찾아다니며 얼마나 가슴을 졸였는지 모른다. 그때마다 아버님과 어머님은 탄식 어린 기도를 쏟아내셨다.

그랬던 형이 느닷없이 선교사가 되겠다고 하는 것이다. 나는 듣고도 믿을 수가 없었다. 그 말은 고맙고 기뻤지만 신뢰감 있게 다가오지는 않았다.

'말로만 하다 말겠지!'

그런데 내 예상은 빗나갔다. 형은 그 말을 행동으로 옮기고 있었다. CCC에 들어가서 6개월 동안 선교사 훈련을 받더니, 탈 많은 나라로 선교를 떠났다. 그 나라는 이슬람 국가로 이름을 밝힐 수가 없다. 형이 선교사로 가기 전, 그 나라에 대한 선교 관련 책자는 딱 한 권밖에 없었다. 그리고 그 책의 내용과 주제는 이렇게 한 줄로 요약되었다.

"그 나라에서는 그곳에 있는 것만으로도 선교이다."

그것도 형수님을 두고 혼자 들어갔다. 우리는 기도하면서도 체념하듯 바라봤다.

'3개월도 안 돼서 돌아올 거야!'

이번에도 우리의 예상은 보기 좋게 빗나갔다. 3개월이 지났는데도 형은 돌아오지 않았다. 아니, 돌아올 기미조차 보이지 않았다. 그렇게 6개월쯤 지났을 무렵 병원을 짓기 시작했다는 소식을 전해왔다. 그때까지도 안심할 수가 없었다.

'일을 벌이기만 하다가 수습하지 못하고 돌아오면 어쩌지!'

그러나 이런 걱정 또한 깨지고 말았다. 형은 1년이 지나도록 돌아오지 않고 선교 병원을 지었다. 얼마 되지도 않는 후원금으로 현지 직원들을 쓰고 봉급까지 주고 있었다.

형은 5년이 지나도록 나오지 않았다. 병원 선교를 통해 영혼 구원의 열매가 맺어지게 하려고 그 거친 사람들과 섞이고 속임을 당하고 싸워가면서 형의 몸은 만신창이가 되어갔다. 원래 간이 좋지 않았는데 당뇨병까지 생기게 된 형은 1년간 요양을 위해 한국에 돌아올 수밖에 없었다. 그런데 한 달이 채 못 되어 형은 다시 그 나라로 돌아갔다. 그리고 눈물을 머금으면서 이렇게 말했다.

"그 나라는 전도가 되지 않는 나라야. 어른들을 전도해서는 절대로 바뀌지 않아. 아이들을 가르쳐야겠어."

형은 돌아간 즉시 학교를 세우기 시작했다. 그러자 그 나라 중앙정보부에서 형을 추적하기 시작했다. 비자를 말소시키고 누군가 거짓말로 밀고를 하는 일도 있었다.

하지만 더욱 놀라운 것은 형이 그 모든 억압을 꾹꾹 참아냈다는 것이다. 불같은 사람, 분노를 참지 못하는 형이 복음을 위해 핍박을 참아내고 있는 현실이 정말 감동적이었다.

'자신의 일이었다면 참지 못했을 텐데, 무엇이 형으로 하여금 천성적으로 불타는 분노를 이겨내게 하고 있을까?'

형은 하나님께서 부어주신 선교를 향한 거룩한 열정으로 버티고 있었다. 하나님의 기름부으심이 있기에 거친 환경과 싸워가며, 묵묵히 자기를 넘어서고 있었다. 내장이 시퍼렇게 멍들고 온몸이 땀으로 범벅된, 자기애를 넘어서는 거룩한 모습이었다.

2004년에 나는 아버지와 동생과 함께 그 나라에 처음으로 가게 되었다. 이미 형은 인천성산교회의 후원으로 한 개의 학교를 세워놓고 있었다. 우리가 간 지역에는 3층짜리 학교 건물이 지어져 있었다. 주변에는 아무것도 없었고 마치 황량한 쓰레기 매립장 같았다. 그런데 그 희뿌연 먼지 속에서 수많은 사람들이 학교를 찾아오는 것이었다. 이슬람에서 설움을 받던 하층민들이 그리스도의 품으로 안겨오고 있었다.

어느 날 형으로부터 국제전화가 걸려왔다.

"창우야, 여기는 무슬림과 크리스천이 공존하는 곳인데 양쪽 마을이 만나는 곳에 진료소를 세우면 복음전파에 더없이 좋겠다. 학생과 학부모에게 의료 혜택을 줬으면 좋겠어."

"좋습니다. 그럼 제가 무엇을 도와드리면 될까요?"

"학교 내에 공간을 내줄 테니 그곳에 무료진료소를 세워줬으면 좋겠다. 인근 주민들 사이에선 학교에 대한 평판은 무척 좋아. 교육과 의료가 무슬림들에게 복음을 전하는 최고의 방법이 될 수 있을 것 같다."

"저도 무료진료소가 단발적인 의료선교보다 훨씬 효과적이라고 생각하고 있었습니다."

"그래, 맞아. 이곳에서 천민계층에 속하는 무슬림들은 교육과 의료 혜택을 못 본단다. 따라서 우리가 그들의 아픔을 달래준다면 복음 앞에 훨씬 더 부드러운 마음을 갖게 될 거야."

"그렇다면 형님은 초·중고등학교와 직업훈련원, 병원이라는 복음의 삼각구도를 통해 그 나라를 변화시키려는 계획이군요?"

"그렇지, 그게 바로 내가 꿈꾸는 선교 모델이야."

우리는 무료진료소 건립에 필요한 적지 않은 비용을 가방에 담아 2004년 9월 26일에 그곳으로 향했다. 훌륭한 의료선교 대원이신 아버지와 병원 기획이사로 일하게 된 아내, 그리고 간호사 등 열 명이 동행했다.

우리는 그곳에 진료소를 만들고, 그 나라 이름을 앞에 넣어 '선한목자병원'이라고 불렀다. 형은 학생과 학부모에게 의료보험증서를 만들어 배부함으로써 진료소에서 무료로 치료를 받을 수 있게 도와주었다. 무료진료소는 큰 효력을 발휘했다. 그 당시에 보건 혜택을 받을 수 있다는 것은 그곳 사람들에게 엄청난 특혜였기에 부모들은 자녀들을 그 학교에 입학시키려고 눈에 불을 켜고 모여들었다. 게다가 학교교육까지 무료로 시행되어 부모들에게 더 큰 호응을 얻었다.

학교는 명문으로 소문나 초등학교에 시험을 보고 들어가는데 경쟁률이 8대 1이었다. 유치원부터 고등학교 2학년까지의 과정에 전교생이 400명까지 늘어났고, 정부에서도 교육부 허가를 내주었다.

무료진료소에는 현지인 간호사가 상주하고 있으며, 주 2회 치료를 하고 학교 보건교육까지 책임을 지고 있다. 한국의 선한목자병원은 병원 운영에 필요한 약값과 간호사 월급, 의사 방문 비용 정도만으로 수천 명의 지역 주민들에게 의료를 통해 복음을 전파하는 선순환 구조를 만들 수 있게 되었다.

이후 2007년에 형은 광림교회를 통해 새로운 지역에 학교 한 곳을 더 세웠다. 그래서 두 개의 학교와 보건소를 통해 선교의 사명을 감당해내고 있다.

주일이 되면 두 학교에서 이슬람 아이들이 모여 하나님께 예배를 드리고 있다. 그곳에서 배운 아이들이 자라서 그 학교에 교사로 오는 열매가 맺히고 있다. 주변의 과격한 이슬람 사람들도 그 학교가 선한 열매를 맺는 것을 잘 알기에 과격한 행동을 삼가하고 있는 상황이다. "너희 착한 행실을 보고 하늘에 계신 너희 아버지께 영광을 돌리게 하라"(마 5:16)라고 하신 예수님의 말씀이 종교와 이념을 넘어서 그곳에서 이뤄지고 있었다.

몇 해 전 형은 스크랜턴 선교대상(미 감리교단 최초의 한국 선교사이자 이화학당 설립자인 메리 스크랜턴과 그의 아들 윌리엄 스크랜턴의 선교정신을 따라 헌신하고 있는 선교사를 발굴, 격려하기 위해 제정한 상)을 받았다. 자랑스러운 한국인으로 선정되어 대통령상도 받았다.

형이 언젠가 나에게 이런 말을 했다.

"나와 아내는 아무래도 그 나라에서 큰 결실을 보지 못할 가능성이 커. 그러나 뒤에 오는 누군가는 이 나라 아이들이 바뀌고 이슬람이 예수 그리스도께로 돌아오는 것을 보게 될 거야. 그 일을 위해서 나와 아내는 그 나라에 뼈를 묻을 거야."

어찌 보면 형의 인생은 볼품 없고, 쓸모도 없는 광야의 떨기나무에 머무를 수도 있었다. 그러나 하나님은 광야에서 양을 치던 모세를 떨기나무 불꽃 가운데 부르셔서 이스라엘 민족을 애굽에서 구원하신 것처럼 형의 떨기나무 같은 인생에 불이 붙게 하셨다. 형의 가슴 속에서부터 타오르는 이 불이 그 나라의 영혼들의 가슴에도 거룩하게 번질 것을 믿는다.

형이 되어버린
동생

나에게는 동생이 한 명 있다. 우리는 어렸을 때부터 한 이불을 뒤집
어쓰고 함께 선교의 꿈을 나누었다. 동생 이홍우 선교사가 미국 LA
온누리 교회에서 한 설교를 들은 적이 있다.

저에게는 둘도 없이 소중한 형이 있습니다. 저는 큰 형과는 나이 차가
많이 나서 작은 형과 같이 컸습니다. 저는 늘 작은 형을 이겼습니다.
화가 나면 형한테 대들고, 어떤 때는 막대기나 빗자루로 형을 때렸습
니다. 형은 그걸 맞고만 있었습니다. 그 모습을 어머니가 보시고 물
으셨습니다.
"네가 형인데 왜 동생한테 맞고 있느냐?" 그러면 형은 담담하게 말했
습니다. "동생을 어떻게 때려요. 내 동생이니 때릴 수가 없어요." 저는

어린 마음에 형을 이겼다고 생각하며 살아왔는데 돌아보면, 저는 일평생 온유한 형을 이길 수가 없었습니다.

그 설교를 듣는 내내 흐르는 눈물을 참을 수가 없었다. 나에 대해서는 늘 자기와 다르다고 서운해하던 동생이라서, 나에 대해 좋은 감정만 갖고 있지는 않을 거라 생각했는데, 동생의 마음속에 나를 향한 사랑과 동경이 있었음을 느꼈기 때문이다.

내가 초등학교 4학년이고 동생은 1학년 때, 우리는 한 이불을 덮고 잠을 잤다. 동생과 나는 두터운 이불 속에서 무릎을 꿇고 기도하곤 했다. 그리고 손가락을 걸며 약속했다.

"우리 커서 슈바이처같이 훌륭한 선교사가 되자."

"응."

"슈바이처같이 섬기며 노벨상도 타고 그러자."

"응."

동생은 항상 내가 하는 것은 그대로 따라했다. 내가 전교 회장을 하면 동생이 이어서 전교 회장을 했다. 내가 중학교를 졸업하고 서울로 오자 동생도 3년 뒤 나를 따라 서울로 왔다. 나는 예상치 못했던 재수 생활을 거쳐 한양대 의대에 갔다. 대학만큼은 내가 부모님께 약속한 것을 이뤄드리지 못한 아쉬움을 동생이 풀어주기를 바랐다. 하지만 동생은 다른 곳을 포기하고 형과 같은 대학을 다니겠다고 기어이 한양대를 따라왔다.

내가 CCC 의료지구인 '아가페'에 들어갔는데, 동생은 여기도 따라서 들어왔다. 그런데 이때부터 동생이 나를 앞서기 시작했다.

고등학교를 다닐 때까지만 해도, 우리는 서로 반말을 할 만큼 허물없이 지냈지만 동생은 한 번도 형인 나를 거스른 적이 없었다. 우리는 누가 봐도 형제는 저래야 한다는 모범이 될 만한 형제였다. 그러나 대학에 가고 CCC에서 훈련을 받으면서부터 동생은 나에게 반말을 쓰지 않았다. 동생이 나보다 점점 어른이 되어가는 것 같았다.

동생은 신앙적으로 진지하고 깊이 있는 물음을 던지며 그 답을 찾아나갔다. 동생은 아가페 전국학생대표까지 하더니, 군대도 선교를 위해서 평화유지군으로 모로코에 가서 일했다. 모로코 평화유지군을 마치고 돌아와 CCC의 황지현 간사와 결혼한 후, 본격적인 선교의 길을 가기 시작했다. 나 또한 동생이 결혼을 한 뒤부터는 존댓말을 썼고, 동생의 말은 내가 귀담아들어야 할 것들이었다.

동생은 철저하게 자신의 행로를 기도 가운데 정하고 행동했다. 하나님은 그런 신실한 동생을 외과의사의 길로 인도하셨다. 미국의 메이오클리닉(Mayo Clinic)이라는 세계에서 다섯 손가락 안에 드는 대학병원에서 복강경 수술 전문의가 되더니, 돌아와 한양대 외과 교수가 되었다.

그렇게 교수의 길을 가면서도 틈만 나면 선교를 가고, 기독교정신을 가진 의사들을 양성하는 일에 발 벗고 나섰다. 그런데도 동생은 더 철저하게 자신을 몰아가고 있었다.

"이것은 아닌 것 같아. 이것은 내가 했던 하나님과의 약속과 맞지 않아."

결국 동생은 2003년에 교수 자리를 내려놓았다. 그리고 잠시 우리 병원에서 진료를 도우면서 선교에 동참해주었다. 그러더니 어느 날 신학 공부를 하겠다고 미국으로 떠났다. 풀러신학교에 가서 선교학과 목회학을 공부하고 나서는 곧장 중국 단동으로 처자식을 데리고 들어갔다. 기도 가운데, 2년을 단동에서 보내겠다고 서원한 것이다.

동생이 간 지역은 아이들이 다닐 학교가 없을 정도로 열악했다. 아이들은 홈스쿨링을 하고, 온 가족이 2년 동안 철저히 중국 시골 사람들처럼 생활했다. 정한 기간을 마치자 미국으로 돌아가 전도사 생활을 했다. 그리고 다시 예정된 시간이 오자, 하나님과의 약속을 이루겠다고 평양에 들어갔다. 지금은 평양과학기술대학 의대 부학장으로 일하면서 북한의 뛰어난 인재들에게 의학과 사랑을 나눠주며, 이 땅의 평화 통일을 위해 헌신하고 있다.

이제 신앙적인 면이나 선교적인 면에서 동생은 내 가슴속에 우뚝 서 있는 산이자 진실한 목회자의 표상이 되어 있다.

죽마고우의
몫까지

1980년대만 하더라도 겨울에 연탄가스로 죽는 사람들이 많았다.
집집마다 연탄으로 구들장을 데워서 방을 달구던 시절, 날씨가 흐
리거나 우중충할 때면 연탄가스가 방으로 들어오곤 했다. 아침에
뉴스를 틀면 간밤에 연탄가스 사망 사건들이 거의 매일 보도되곤
했다.

1981년 1월 어느 날, 가장 친한 친구인 영석이 어머니에게서 전화
가 왔다.

"영석이가 간밤에 연탄가스 중독으로 죽었다. 인천시립병원으로
빨리 와줘야겠다."

전화기 너머로 친구 어머니의 목소리가 떨리고 있었다. 슬픔이 인
지되기도 전에 내 두 손이 덜덜 떨리고 있었다.

"예? 어머니? 무슨 말씀이세요. 영석이가 죽었다니요! 대체 무슨 말씀을 하시는 거예요? 어제도 멀쩡했던 영석이가 왜 죽어요?"

나의 절친이자 평생 선교를 같이 하자고 다짐했던 영석이가 죽었다니 하늘이 무너지는 것 같았다. 홍영석은 신실하고 실력 있는 친구였다. 나는 예기치 않게 대학 입시의 쓴잔을 마시고 재수를 했고, 영석이는 서울대 사대를 다니면서 주일학교 교사로 헌신하고 있었다. 영석이는 늘 하나님의 일에 헌신하는 삶을 살겠노라 다짐하던 친구였다.

'아닐 거야! 평생 주께 헌신하겠다던 영석이를 하나님이 데려가실리 없잖아. 하나님이 살아 계신다면 그런 일이 일어날 수 없어.'

병원을 향해 뛰어가면서도 나는 친구의 죽음이 현실로 받아들여지지 않았다. 그와 나눈 대화들, 비전들, 추억들이 물밀듯이 밀려와 숨을 쉴 수가 없었다. 나는 주먹을 불끈 쥐었다.

"아니야, 그럴 수 없어. 영석이는 나와 평생을 함께할 친구야!"

병원에 도착하자, 영석이의 부모님은 식구도 아닌 나를 입관하는 자리로 인도하셨다.

"창우야! 네가 영석이랑 가장 친했으니, 마지막 가는 길을 도와주렴."

영안실에 들어가자 축축하고 시큼한 냄새가 풍겨왔다.

'이것이 죽음의 냄새인가!'

얼음같이 차가운 스테인레스 두 번째 칸에 친구의 이름이 붙어 있었다. 몸이 부르르 떨려왔다.

'저 속에 영석이가 들어 있다고? 왜 영석이가 저 속에 있지?'

뭔가 알 수 없는 감정이 속에서 북받쳐 올라왔다.

'하나님, 도대체 뭡니까? 영석이가 죽었다는 것이 말이 됩니까?'

잠시 뒤 마치 서랍에 있는 물건을 빼내듯 직원이 내 친구를 시체 냉동고에서 꺼내놓았다. 그곳에 영석이가 누워 있었다. 다가가 얼굴을 보았다. 까맣게 탄 듯한 흙빛의 얼굴이었다. 나는 내 눈을 의심할 수밖에 없었다. 영석이는 늘 밝고 환한 얼굴이었다.

'아니야! 이거 영석이가 아니잖아!'

나도 모르는 의외의 안도감이 찾아왔다. 알코올로 영석이의 몸을 닦아내면서, 내 속에서 하나의 생각이 밀려오고 있었다.

'영이 따로 있구나! 이건 영석이가 아니야. 영석이는 이미 나가고 없어. 육신을 남겨놓고 이미 다른 곳에 가 있는 거야!'

그때 누군가가 내 어깨를 건드리는 것 같아서 나도 모르게 옆을 보았다. 그곳에 영석이의 음성이 있는 듯했다.

'창우야! 나 여기 있어. 내 영혼은 살아 있어.'

'영석아, 너 하나님이 데려가신 거구나!'

친구의 육체를 알코올로 닦고 수의를 입힌 뒤 정성스레 관에 넣는 작업이 이루어지고 있었다.

'하나님이 정말 계시는구나! 이 땅에 살다가 죽어서 간다는 세계가 정말로 있구나! 영석아, 우리 하나님을 위해 같이 헌신하기로 했었잖아. 네가 이 땅에서 하나님을 위해 일하기로 했던 만큼 나도 네 몫까지 배로 해서 열심히 주님을 섬길게.'

나도 모르게 내 입에서 찬송이 흘러나왔다.

이 세상 작별한 성도들 하늘에 올라가 만날 때
인간의 괴롬이 끝나고 이별의 눈물이 없겠네
며칠 후 며칠 후 요단강 건너가 만나리
며칠 후 며칠 후 요단 강 건너가 만나리
_찬송가 606장 〈해보다 더 밝은 저 천국〉

내 눈에선 슬픔의 눈물이 흘러내렸다.

영석이의 육신은 태워지고 가루가 되었다. 누군가는 흐느꼈고, 누군가는 슬픔을 누르면서 무덤덤한 찬송을 불렀다. 바람이 불어왔고 그 바람에 영석이의 육신이 가루가 되어 흩날리고 있었다. 내 눈에는 사방 천지에 가루가 되어 날리는 친구의 모습이 공허해 보이지 않았다.

'저 해체 속에 부활이 숨 쉬고 있다. 저 허무 속에 영원한 생명이 약속되어 있다! 하나님, 영원한 생명을 꿈꾸는 자가 되겠습니다. 생의 허무를 뚫고 영생으로 이끄시는 주님의 사명을 위해, 가루 될 이 생명을 드리겠습니다. 저의 인생을 받아주시옵소서!'

내 나이 스무 살 때 겪었던 친구의 죽음과 장례 그리고 재수 생활은 교만했던 나를 겸손하게 만들었다.

'죽음은 나이를 가리지 않으며, 인생은 내 뜻대로 되지 않는다!'

죽음과 삶 앞에 인간은 무기력한 존재였다. 강하고 똑똑하다고 생각했던 나의 힘도 삶과 죽음을 넘지 못한다는 것을 깨달았다.

1981년 3월 나는 한양대 의대에 입학했다. 그리고 하나님 앞에 서원을 했다.

"주님의 일을 하겠습니다. 술은 입에도 대지 않겠습니다. 주님, 저를 도와주십시오."

견고한 다짐만큼 혹독한 훈련이 나를 기다리고 있었다.

금주와
시간의 십일조

1981년, 대학가는 민주화를 열망하는 학생들의 시위가 불을 뿜어대던 시기였다. 광주민주화운동이 일단락되는 듯했지만, 학생들은 새로운 정권을 인정하지 않았다. 끊임없는 시위가 일어났다. 거리마다 최루탄 가스가 코를 틀어막게 했다. 경찰들은 학교 안까지 밀고 들어왔고 주변에 잡혀가는 친구들이 있었다. 어떨 때는 시험을 보다가 강제로 끌려가기도 했다.

공부에 집중하기가 쉽지 않았다. 도서관에 앉아 있다가도 엄중한 현실의 문제를 외면하는 것 같아 양심이 저리도록 고통스러웠다. 한양대 정문 앞은 어수선한 시대상을 반영하는 듯 수많은 호프집과 칵테일 바 심지어는 성매매를 하는 방석집들이 즐비하게 늘어져 있었다.

당시 나도 어수선한 시류를 타고 있었다. 친구들과 생맥주를 마시며 시국을 논하기를 즐기며, 병역 집체 훈련이 있을 때면 오랜 토론의 장을 가졌다. 비록 취할 정도는 아니었지만, 그렇게 술 한잔 하면서 시국을 논하는 것이 어찌해볼 도리 없는 현실의 벽 앞에서 조금이라도 양심적이라 자위할 수 있는 도피처로 여겨졌다.

그렇게 대학생활 1년이 지나갔다. 감정이 민감한 편에 속하는 나는 내 안에 자리잡기 시작하는 이 시국의 혼돈을 방치할 수 없었다. 뭔가 새로운 결단이 필요했다.

'영석이의 죽음 앞에서 맹세하지 않았던가! 중학교 1학년 엑스플로 74 때 하나님의 사람이 되겠다고 서원하지 않았던가!'

나는 나름대로 이 혼돈의 시대를 풀어가는 방법을 찾고 싶었다. 하나님의 편에 선 사람으로, 그리스도의 정병과 같은 사람이 되어 진리를 살아내는 사람이 되고 싶었다.

그해 여름, CCC 대학생수련회 소식을 듣게 되었다. 이미 중학생 때 CCC에 마음이 꽂혀 있었기 때문에 나는 망설임없이 그 집회에 참여했다. 수련회는 충청북도 영동에 있는 송호리 캠핑장에서 열렸다. 수천 명의 학생들이 운집해 있는데 마치 예수님이 산상수훈 설교를 하실 때가 이런 분위기가 아니었을까 싶었다. 캠핑장 옆에는 냇물이 흐르고 작은 언덕들이 있었으며, 여기저기 자리를 잡고 앉은 학생들이 한곳에 모든 시선을 모으고 있었다. 그곳에서 김준곤 목사님(한국 CCC 설립자)의 인상 깊은 설교를 듣게 되었다.

이 땅에 피 묻은 그리스도의 계절이 오게 해야 합니다. 시대를 변화시킬 수 있는 것은 혁명이 아닙니다. 세상을 구원하는 것은 사람이 아니라 하나님이십니다. 하나님께서 보내신 독생자 예수 그리스도이십니다. 예수 그리스도의 피를 증거해야 합니다. 그리스도의 십자가와 부활이 세상에는 어리석어 보여도 이 세상을 구원하는 하나님의 능력인 것입니다. 그리스도의 이름이 계속 증거되어야 합니다.

그 설교 속에 성령이 역사하고 계셨다. 그곳에 앉아 있는 청중들 사이사이에 성령의 바람이 불고 있었다. 내 안에서도 감동이 요동치고 있었다. 아주 작은 혼돈과 방황의 씨까지 떨어버릴 수 있는 에너지가 느껴졌다. 두 눈에서 눈물이 주룩주룩 흘러내리고, 주먹을 불끈 쥔 채 마치 무엇인가를 서원하기라도 할 듯이 다음의 말을 기다리고 있었다.

"하나님께서 지금 하나님의 사람을 부르고 계십니다. 주님의 부르심을 듣는 학생들은 일어나세요. 선교사로 서원할 사람들은 일어나세요."

나는 기다렸다는 듯이 그 자리에서 일어났다. 나뿐만이 아니었다. 내가 아는 친구들과 이름을 알 수 없는 수백 명의 학생들이 그 부르심에 응답하고 있었다.

세월이 흐르면서 안 사실인데, 그때 그 자리에서 일어났던 친구들은 어떤 형태로든 선교를 감당하는 사람들이 되었다. 하나님께서 그들의 서원을 받으시고 그들의 삶이 그 약속을 지켜나갈 수 있도록 끝까지 붙잡고 인도해가신 것이다. 이 얼마나 두렵고도 멋있는 일인가? 하나님 앞에서 하나님에 의해 결단하고 서원한 고백을 하나님은 영원히 잊지 않으신다. 나중에 그들의 삶이 그 서원을 잊고 다른 곳으로 간다고 해도, 하나님은 서원한 사람을 버리지 않으신다. 다른 길로 가려고 하는 방황의 발걸음까지 돌이키시고 인도하셔서 '소원의 항구'에 도달하게 하신다.

나 역시 하나님 앞에서 선교사의 서원을 했다.

'하나님! 저도 선교사가 되고 싶습니다. 주님께서 쓰실 수 있는 사람이 되겠습니다. 삼손과 같은 나실인이 되겠습니다. 시간의 십일조를 드리겠습니다. 이제부터 술을 끊겠습니다. 술은 입에도 대지 않겠습니다. 주님께 영광 돌리는 선교사가 되도록 인도해주세요.'

시간의 십일조를 연상시킬 만한 말씀은 그때 설교에서 나오지 않았는데도 나도 모르게 그 서원이 튀어나왔다.

나는 수련회 이후부터 술을 끊었다. 그 후로 지금까지 한 번도 술을 입에 대지 않았다. 인턴, 레지던트의 과정 가운데 혹독한 어려움을 거치면서도 이 약속을 지킬 수 있었던 것은 내 안에 계신 성령님의 시선이 느껴졌기 때문이다.

도리어 지키기 힘들었던 서원은 시간의 십일조였다. 하루 24시간에서 2시간 40분을 하나님께 드리겠다던 나의 서원은 현실적으로 힘에 부쳤다. 그래서 적어도 한 시간은 하나님께 드려야겠다고 생각했다. 교회 사역하며 공부하느라 바쁜 상황 속에서도 고집스럽게 학교 채플이나 예배당을 찾았다. 나도 모르게 졸다가 쓰러져 잠드는 한이 있어도, 하루 한 시간씩 십자가 밑에 엎드려 있었다.

나 스스로 원칙을 세우고, 시간의 십일조를 지켜내겠다는 결단을 행동으로 옮기면서, 나는 신앙의 태도와 형식이 얼마나 중요한지를 인식하게 되었다. 예수님께서 유대인들의 형식만 남은 거짓 신앙을 비판하시고, 신앙의 본질을 일깨워주셨지만, 그것은 모든 신앙의 형식을 부정하신 것은 아니었다. 율법의 일점일획도 사라지지 않을 것이라는 말씀과 예수님께서 율법을 온전케 하시기 위해 오셨다는 말씀은 결코 쉽게 넘길 수 있는 말씀이 아니다.

복음은 율법을 폐기시키는 것이 아니라, 그 토대 위에서 완성시키는 것이라고 믿는다. 서원을 하면 그 서원의 형식을 지키기 위해 몸부림치는 것이 신앙이다. 기도의 질을 이야기하기 전에 한 시간이든, 두 시간이든 다른 일들을 다 제쳐놓고서라도 주님 앞에 엎드려야 한다. 우리 어머니 세대만 하더라도, 한번 무릎을 꿇으면 두세 시간 동안 기도를 멈추지 않는 분들이 많았다. 그러나 현대인들 중 한 시간 이상 무릎 꿇고 기도할 수 있는 성도들이 얼마나 있을까?

시간의 십일조와 금주 서원은 하나님 앞에서 내가 지켜내야 할 내 삶의 형식이 되었고, 그것은 곧 생활 습관이 되었다. 그리고 30년 동안 그 습관은 내 양심을 변질되지 않게 해준 틀이자, 내 삶에서 하나님을 주변부로 내몰지 않게 해준 원동력이 되었다.

100일 당직이
가져다준 자유

의사의 세계는 철저한 도제시스템으로 작동된다. 스스로 깨우칠 수 있는 학문이 드물긴 하지만, 특별히 의학의 세계는 윗사람이 아랫사람을 가르쳐주지 않고서는 배움이 불가능하다. 특히 고귀한 생명을 다루다보니 한 치의 실수도 용납되지 않는다. 따라서 스승과 제자, 선배와 후배의 관계는 군대 이상으로 엄격하다.

도제제도의 인간관계 방식은 내게 별로 어려운 것이 아니었다. 스승과 선배들을 진심으로 따르고 존중할 마음이 있었기 때문이다. 문제는 술이었다. 학부 때는 술을 안 마신다고 해서 큰 문제가 되지 않았다. 그런데 군복무 기간 동안 상관들로부터 받는 술잔을 뿌리치는 건 쉽지 않았다. 그래도 그때마다 정중하게 거절했다. 문제는 제대 후 레지던트 코스였다.

그 당시 정형외과는 술에 있어서는 자타 공인 넘버원이었다. 정형외과 특성상 수술을 많이 하고, 피를 많이 보는 터라 쌓인 스트레스를 술 외에는 달리 풀 데가 없었다. 양푼 대접에 술을 부어마셨는데, 체질상 술을 못 마신다는 것도 전혀 용납이 되지 않았다. 실제로 한 잔도 마시지 못하던 사람도 1년이 지나면 소주 두 병 이상은 거뜬히 마실 수 있는 사람으로 변화되었다.

'이러다 술을 마시지 않겠다는 나의 서원이 깨질지도 몰라!'

군대 이등병과 다름없는 레지던트 생활에서 술을 마시지 않겠다는 것은 명령 불복종이었다. 전통이자 제도와도 같은 술을 안 마시겠다는 것은 도제제도의 역사성을 거역하는 반역이었다. 술 문제가 아니라 거역했다는 것이 문제가 되기 때문이다.

'불을 보듯 뻔해. 나는 명령 불복종으로 낙인찍힐 거야. 그러고는 강압에 못 이겨서 결국 술을 마시게 될지도 몰라.'

순간적으로 두려운 마음이 들자, 차라리 미국에 가고 싶었다. 미국에 가면 주어진 일만 열심히 할 수 있다는 생각 때문이었다. 하지만 매형과 누님들이 강하게 만류했다. 미국이 아니라면 레지던트 생활을 전주에 있는 예수병원에서 하고 싶었다. 하지만 그 역시 주변에서 모교인 한양대병원에서 해야 하지 않겠느냐며 만류했다.

'하나님! 술을 마시지 않겠다는 서원을 지키고 싶습니다. 이곳에 있으면 술을 마시지 않을 수가 없습니다. 차라리 미국에 가게 해주세요. 아니면 술을 마시지 않아도 되는 다른 곳으로 인도해주세요.'

아무리 기도를 해도 다른 곳으로는 응답의 문이 열리지 않았다. 다만 도전하라는 음성만 들려왔다.

'도망치려 하지 말고 부딪쳐라.'

나는 고민 끝에 하늘과도 같으신 학과장 교수님을 찾아가 담판을 짓기로 결론을 냈다. 1992년 12월 14일, 아내와 어른들에게 중보기도를 부탁하고 학과장님을 찾아갔다. 학과장 교수님은 명망이 높고 인품이 멋있는 분이셨다. 나는 선물로 작은 만년필을 준비하여 학과장 연구실 9층을 찾아갔다. 떨리는 마음으로 연구실 문을 노크하고 안에 들어서자, 환갑을 넘긴 중후한 교수님이 반갑게 맞이해주셨다.

"과장님, 안녕하십니까? 이번에 정형학과에 합격한 이창우라고 합니다. 저를 레지던트로 뽑아주셔서 감사합니다. 교수님의 제자로 이곳에서 레지던트 과정을 잘 마치고 교실의 명예를 높이는 사람이 되고 싶습니다."

"그래, 이 군 한번 잘해봐."

"그런데 한 가지 어렵게 드릴 말씀이 있습니다."

"말해보게."

"꼭 부탁드릴 말씀이 있습니다."

"뭔데 그렇게 망설이나? 그게 뭔가?"

"제가 하나님과 약속한 게 있어서 술을 마실 수 없습니다. 장차 하나님의 선교사업을 해야 하기 때문에 술을 마시지 않겠다고 서원을 했습니다. 만약 교수님께서 허락해주신다면 제가 여기 남아서 정말 최선을 다하겠습니다."

나는 장군 앞에 서 있는 이등병 같았지만 그래도 조심스럽게 내 진심을 말씀드렸다. 잠시 침묵이 흘렀다. 그리고 아무런 대답이 돌아오지 않았다. 교수님은 그저 '허허허' 웃기만 하셨다. 그러고는 짧게 한 마디 하셨다.

"알았네! 그만 나가보게."

그날 저녁 나를 찾는 전화가 걸려왔다. 전화기를 통해 들려오는 목소리의 억양이 매우 흥분되어 있었다.

"이 선생! 자네가 오늘 하늘 같은 과장님을 찾아갔나? 당장 정형외과학 교실로 와!"

'아! 결국 올 것이 오고 말았구나!'

교실로 들어가자 이미 나를 포함해 레지던트 동기들 여섯 명이 호출되어 있었다. 우리 여섯 명은 일렬로 무릎을 꿇고 앉았다. 윗년차가 한참 야단을 치더니 어이없다는 듯이 나가버렸다. 그리고 연차별로 줄줄이 거친 훈시가 이어졌다.

"이창우가 누구야! 학과장님께 술을 안 먹겠다고 한 놈이 어떤 놈이야? 네가 뭔데 그런 건방진 소리를 해!"

의자가 날아다니는 험악한 상황이 펼쳐졌다.

"새파랗게 어린놈이 건방지게. 야, 너 정형외과 생활 끝났어. 내가 못하게 할 거야. 너는 이쪽에서 일 못 해!"

그날로 나에게 100일 당직 명령이 떨어졌다. 당직은 말 그대로 100일 동안 외부출입을 하지 못하고 병원을 지키는 것이었다. 당직은 일종의 교육이며 체벌이다. 이것 또한 정형외과의 전통이었다. 그런데 나는 레지던트 합격 신고도 하기 전에 그 체벌을 받게 되었다. 선배들은 나를 두고 수군거렸다.

"거역을 한 아주 맹랑한 녀석이 저 녀석이야."

그래도 속이 후련했다. 왜냐하면 100일 당직 시작과 함께, 술을 마시지 않아도 된다는 허락이 떨어졌기 때문이다.

100일간 당직을 서면서 하루에 한두 시간도 잠을 자기가 힘들었다. 잠을 잘 때는 호출을 대비해서 신발을 신고 잤다. 양말을 갈아신지 못해, 발이 짓무르고 양말과 발이 한 덩어리가 되어 붙어 있었다. 신발을 살짝만 벗어도 주변을 초토화시킬 만한 악취가 뿜어져 나왔다. 병원 1층에서 엘리베이터를 타고 분명히 8층을 눌렀는데 깜박 잠이 들어 다시 1층에 서 있는 일이 반복되었다. 주일에도 나갈 수 없어서 교회에도 못 갔다. 대신 아주 잠깐이라도 시간이 나면, 나는 병원 기도실을 찾았다. 그곳에 엎드려 기도하다 잠깐씩 잠드는 것이 사막에서 오아시스를 만난 것처럼 시원했다.

제대 날짜를 기다리는 군인처럼 나는 100일 당직이 끝나는 날을 기다렸다. 당직 40일이 지나가던 날 낮에 갑자기 외출 명령이 떨어졌다. 드디어 그 험악하다는 입국식이었다. 입국식은 레지던트를 맞이하는 환영식이었다. 저녁에 과장님 집에 모여서 술을 마시는데, 열외 없이 그날은 모두가 술에 취해 실려나갔다. 그게 전통이고 멋이었다.

"입국식 가야 하니까 나가서 목욕하고 와라."

40일 만에 처음으로 바깥세상을 볼 수 있었다. 저녁 때 과장님 댁에 가니 거실에 어마어마한 상차림이 준비되어 있었다. 열차같이 긴 상들이 붙어 있었고 그 상들 위에 음식이 담긴 접시들이 여백이 없이 빼곡하게 나열되어 있었다. 음식은 떨어지기가 무섭게 다시 채워졌다.

30명가량 되는 사람들이 모였는데, 테이블에 40병 넘는 양주들이 있었다. 말이 입국식이지 조폭처럼 일렬로 서서 선배들이 맥주컵에 따라주는 양주를 한 번에 벌컥벌컥 들이키는 자리였다.

"이창우! 마시는 척이라도 해!"

"야, 쟤는 술잔도 주지 마. 과장님도 술 먹이지 말라고 하셨던 독종이야."

그날 이후 과장님과 교수님들은 신앙을 지키려는 나를 조금씩 인정해주기 시작했다. 그 덕에 나는 정형외과 대리 운전기사가 되었다. 술자리가 있을 때마다 교수님들을 집에 모셔다드렸고, 취해 있는 동기들은 차로 데리고 와서 응급실에 눕혀놓고 링겔 주사를 놔주곤 했다.

어떤 사람들은 술 문제로 너무 민감한 것이 아니냐며 핀잔을 주기도 했다.

"신앙에 꼭 술을 결부시켜야만 해? 술을 먹으면 잘못된 신앙이야?"

이런 질문을 많이 받았다. 그렇지만 나는 술 문제와 싸운 것이 아니라 나 자신과 싸운 것이었다. 나와의 약속, 하나님과의 약속을 지키기 위한 몸부림이었다.

사람들은 술을 먹고 스트레스를 풀려고 하지만, 내가 볼 때 술은 스트레스를 해소시켜주기보다는 가중시킨다. 술이 사람을 자유케 하기보다는 구속한다는 것이다. 아마 내가 술을 마셨다면 젊은 시절의 우리 아버지처럼 아주 많이 마셨을 것이다. 그랬다면 술에 내 몸과 시간을 구속당했을 것이고, 결국 의료선교의 길을 포기하는 방향으로 연결되었을 것이다.

술을 거부하는 것이 처음에는 힘들었지만 그 과정을 견뎌낸 후에는 자유할 수 있었다. 내게 술을 권하는 사람들이 없어졌기 때문이다. 술 앞에서, 내 양심 앞에서 그리고 하나님 앞에서 자유로웠다.

평생의
베필을 만나다

선교의 동역자인 아내 김정신 권사를 만난 것은 오로지 하나님의 은혜이다. 한양대에 입학하면서부터 나는 모교회인 인천성산교회 청년부 회장을 맡게 됐다. 주일에는 교회학교 교사와 성가대원 등으로 하루 종일 바쁘게 보냈다. 인천 집에서 서울 행당동 학교까지는 왕복 3시간이 넘게 걸렸다.

그러다 의예과 2학년을 마치고 본과에 들어가면서, 학교 근처에서 자취를 하기 시작했다. 해부학 실습과 시험 준비 등으로 밤을 새우는 일이 많아졌기 때문이다. 자취를 하니 교회까지 옮겨야 했다. 영락교회를 시작으로 소망교회, 여의도순복음교회, 정동교회, 새문안교회 등을 살펴보며 정착할 교회를 찾았다. 그러다가 광림교회에 오게 되었고, 첫 예배에 김선도 담임목사님의 카리스마 넘치는 말씀을 듣는 순간, '이 교회구나'라는 생각이 들었다. 나는 강단에서 선포되는 희망과 치유, 회복의 메시지에 점점 빠져들었다.

1984년 봄, 나의 외사촌 동생의 약혼식이 있었다. 나는 동생과 함께 바이올린으로 축가를 연주했다. 그런데 그 자리에 김선도 목사님이 주례를 위해 오셨다가 나를 보시고는 우리 외삼촌께 물었다.

"바이올린을 연주하는 저 친구가 누굽니까?"

"제 조카인데, 한양대 의대에 다니고 있습니다."

얼마 후 외삼촌이 교회 앞 빵집으로 나를 호출하셨다.

"좋은 자매를 소개시켜줄 테니 꼭 만나봐라."

"누군데요?"

"김선도 목사님의 따님이야."

"예? 목사님의 친딸이라고요?"

자매는 연세대 교회음악과 1학년 새내기였는데, 단발머리에 화장기가 거의 없는 외모로 한눈에 봐도 어린 소녀에 가까웠다. 평소에 화장도 짙게 하고 성숙미가 물씬 풍기는 동기생들을 만나다가 이제 갓 고등학교를 졸업한 새내기 대학생을 만나니 조심스러웠다.

"저는 이창우라고 합니다."

"아, 예."

대답도 시원찮았다. 부끄러움을 타는 것 같았다.

"이름이 뭐죠?"

"김정신이라고 해요."

"뭐 좋아하세요?"

"그냥 책 읽는 것 좋아해요."

목사님 딸이라 부담이 커서인지 대화가 시원시원하게 연결되기보다는 약간 막혔다. 말과 행동을 함부로 할 수 없었고, 어색한 만남일지라도 쉽게 거절하는 것도 예의가 아니었다. 그냥 가끔 한 번 만나는 정도로 예의를 지켜야겠다고 생각하고 2,3주에 한 번 정도 만났다. 막상 만나도 할 이야기가 별로 없었고, 당시 의대 오케스트라 악장을 맡은 나는 가을 연주회 준비로 분주했다.

만난 지 세 달쯤 되었을까? 갑자기 그녀가 나를 보자고 하더니, 청천벽력 같은 말을 했다.

"우리 그만 만나기로 해요."

"예?"

"창우 씨는 저와 잘 맞을 것 같지 않아요. 저도 공부하느라 바쁘기도 하고요."

그 말을 듣자 이상한 오기가 올라왔다.

"아니, 지금 저를 차겠다는 말입니까?"

"예."

그녀의 대답은 단호했다. 여학생들로부터 거절당해본 적이 없던 나는 자존심이 상했다. 엉겁결에 나도 생각지 못한 말이 툭 튀어나왔다.

"내 말 잘 들으세요. 남자와 여자가 만나는 것도 남자가 하자는 대로 하는 거지, 어린 자매가 그렇게 일방적으로 결정하는 것이 아닙니다."

지금 생각해봐도 말도 안 되는 자존심이었다. 만나고 헤어지는 일에 남자가 어딨고 여자가 어디 있겠는가? 그런데 그때는 자존심에 상처를 받아 그런 말을 하게 되었다.

나는 전에도 사귀던 사람이 있었다. 좋은 사람이었지만 함께 선교의 비전을 펼칠 수 있는 사람이란 생각은 들지 않아 결혼을 약속하지 못했다. 그래서 내가 포기를 했는데, 이번에는 내가 아닌 타인에 의해 이별 통지를 받자 허무감과 아쉬움이 몰려오기 시작했다.

'이렇게 허무하게 끝나는 건가? 내가 차일 수 있단 말인가?'

사실 자매가 싫은 것은 아니었다. 비록 그녀에게 확신이 들지는 않았지만 그래도 만남의 끈이라도 붙잡아놓고 나중에 한번 교제해볼 생각도 있었다.

'그래 차일 수도 있지.'

애써 마음을 가라앉혔다.

'하나님, 지금은 공부만 하라는 뜻으로 알겠습니다.'

며칠이 지났을까? 갑자기 외사촌 여동생이 나를 찾아왔다.

"오빠가 어떻게 했기에 정신이가 그렇게 섭섭해하는 거야?"

"무슨 말이야? 내가 차였는데."

"무슨 소리야? 오빠가 서운하게 해서 헤어지자고 했다는데…. 오빠는 어떻게 그렇게 무관심할 수 있어? 만나자고 하지도 않고, 전화도 하지 않으니까 서운해서 그런 거 아냐? 그런 식으로 사귀다간 아무것도 안 될 거 같으니까 정신이가 그만 만나자고 한 거야."

순간, 아차 싶었다.

'내 실수였나! 내가 무관심해서 그랬다는 건가! 나는 자매가 뭔가 다른 이유로 나를 거절했다고 생각했는데, 나는 한 사람의 마음조차 제대로 헤아리지 못한단 말인가? 아니, 내 자신에게조차 솔직하지 못한 사람이었단 말인가?'

사실 그 자매를 만나면서 앳된 모습에서 은은하게 풍겨나오는 잔잔한 파장, 내면 깊숙한 곳에 오랫동안 정성스럽게 가꿔온 듯한 고요함을 느끼곤 했다. 그런 이미지에 '내가 기도했던 선교의 비전을 공유할 수 있는 사람이 이 여인이 아닐까?' 하는 생각도 했다. 무엇보다 교회에 헌신하셨던 자매의 부모님을 보면서 '저런 아버지, 어머니 밑에서 자란 딸이면 괜찮지 않을까?'라는 기대도 있었다.

'내가 잘못한 거구나! 내 이기적인 마음이 하나님이 보여주신 기도의 응답을 보지 못하게 했구나. 내 교만했던 마음이 한 여자의 마음을 헤아리지 못한 거구나.'

지금껏 사람들의 마음을 세심하게 배려하고 하나님과 소통하는 기도의 사람이라고 생각했던 나의 자부심이 흔들리기 시작했다.

그래도 기뻤다. 차라리 다행이었다. 사실 자매를 다시 만나고 싶었다. 헤어지자는 통보를 받고 그녀의 '부재'를 인식한 순간, 내 안에 그녀는 '커다란 존재'로 자리잡고 있음을 알았기 때문이다.

'어떻게 다가가야 할까? 뭐라고 말을 건네야 하지?'

쉽게 용기가 나지 않았다. 나는 그녀의 주변을 서성거렸다. 당시 자매는 교회에서 주일학교 초등부 교사를 섬기며 1부 성가대에서 봉사를 하고 있었다. 나는 자매의 눈에 다시 들기 위해 주일이면 1부 예배를 드리면서 그녀의 맞은편에 앉고, 그녀의 동선을 예상하고 어김없이 그곳에 가 서 있었다. 그런데 어느 날, 머쓱해하면서 어색한 표정을 지으며 그녀가 다가왔다.

'나의 의도가 잘 전달된 걸까?'

심장이 두근거렸다. 그녀가 말했다.

"저, 얘기 좀 할 수 있을까요?"

말투가 냉정하거나 차갑지 않아서 나는 용기를 내서 속마음을 털어놓기로 했다. 적나라하게 이렇게 말하고 싶었다.

'제가 잘못해서 자매의 마음이 상했던 것 같아요. 다시 만나고 싶습니다. 정신 씨는 하나님이 보여주신 제 기도의 응답입니다.'

하지만 이렇게 말하면 부담스러워할까 봐 걱정되었다. 그렇게 말해놓고 거절당하면 자존심이 상할 것도 사실 두려웠다. 나는 내 자존심을 지켜가면서 감정의 수위를 조절하여 말을 건넸다.

"아, 제가 드릴 말이 있는데, 전에 못했던 얘기를 하고 싶어요."

"그래요? 그럼 그렇게 하세요."

자매의 대답 속에 담겨진 뉘앙스를 분명히 느낄 수 있었다. 나는 '결혼 이야기'를 '전에 못했던 얘기'로 바꿔 말한 것인데, 그런 미묘한 말을 그녀가 알아듣고 내 말을 받아들여줬다. 나는 용기를 내어 그녀의 손목을 잡고 무작정 교회 기도실로 들어갔다.

"정신 씨! 우리 다시 교제해요. 지난 시간 동안 저의 잘못된 행동을 사과할게요. 제가 대학 입학 이후 배우자를 위한 기도를 계속했는데, 정신 씨가 그 기도의 응답인 것 같아요. 우리가 다시 교제하려면 결혼을 약속하고 만납시다. 나는 일반적인 사람들이 생각하는 의사가 아닙니다. 하나님께 서원해서 아프리카에 가서 선교를 해야 하는 사람입니다. 그래서 돈을 많이 벌어서 아내를 풍족하게 해주지 못할 수도 있습니다. 하지만 하나님을 기쁘게 해드리기 위해 평생 헌신할 자신은 있습니다. 그런 나와 함께할 수 있겠습니까? 하루 동안 기도해보시고 내일까지 답변해주세요."

그것이 나의 프러포즈였다. 정신 씨는 무덤덤한 표정으로 나의 말을 듣고 집으로 돌아갔다.

'둘 중 하나야. 하나님이 주신 사람이면 만나게 되는 거고, 그게 아니라면 여기서 미련없이 끝나는 거야.'

1984년 9월 말, 압구정동 신현대아파트 107동 앞에 이파리가 누렇게 된 등나무의 열매가 떨어지고 있었다. 그 등나무 밑에 벤치가 있었다. 나는 난생 처음으로 손수건을 꺼내 자매가 앉을 자리에 깔아주었다.

"정신 씨 여기 앉으세요."

약간의 떨림이 있었다. 일방적인 나의 프러포즈를 자매가 어떻게 받아들였을까?

"생각해봤어요? 아니어도 저는 괜찮습니다."

"좋아요."

'뭐가 이렇게 간단하지? 인생의 동반자를 선택하는 중차대한 문제를 고민하고 와서 좋다고 한 마디 말로 결론을 내리다니….'

그러나 말 그대로였다. 다른 말은 없었다. 그래서 나도 좋았다.

"나와 결혼해줄래요?"

"좋아요."

이보다 더 분명하고 확실한 대답이 있을까. 나는 자매의 심플한 태도가 마음에 들었다. 이것저것 현실을 따져보고 저울질하지 않는 그녀의 순수함을 보며, 자매가 기도하면 하나님께서 잘 들어주실 거라는 확신이 생겼다. 우리는 그 길로 일어나서 광림교회 1층 벧엘성전으로 향했다. 서로 손을 맞잡고 하나님께 감사기도와 서원기도를 드렸다.

나중에 아내에게 들은 얘기지만, 나의 어색한 프러포즈에 기가 막혔다고 한다. 프러포즈라고 하기에 너무 비장하면서도 상황이 우스꽝스러웠다는 것이다. 하지만 젊은 사람이 하나님 앞에서 똑바로 살기 위해 확실한 비전을 가졌다는 것이 마음에 들었다고 했다.

우리의 데이트 장소는 한양대 의대 도서관이었다. 내가 공부량이 워낙 많기 때문에 우리는 도서관 외에 다른 곳에서 데이트하기가 쉽지 않았다. 도서관이 문을 여는 아침 6시에 만나 문을 닫는 10시까지 나란히 앉아 공부를 하는 것이 데이트였다.

도서관 데이트 외에 낭만적인 데이트를 한 경험이 한 번 있었다. 1987년 1월 13일 의사 국가고시 발표가 있는 날이었다. 자매와 나는 부산으로 가는 새마을호 열차에 몸을 실었다. 의사에 합격하면 군대를 갈 계획이었기에, 이번 기회를 놓치면 데이트다운 데이트 한 번 못하고 결혼하게 될 것 같아 아쉬운 마음에 벼르고 벼른 당일치기 여행이었다.

부산은 둘 다 처음이었다. 자갈치 시장을 구경하고, 용두산 공원에 오르고, 태종대를 돌아다니다가 열차 시간을 놓쳐서 김밥 한 줄 먹고 힘겹게 돌아온 여행이었다. 그래도 우리는 온 세상을 가진 사람들처럼 충만한 행복을 느꼈다. 그 짧은 시간과 김밥 한 줄에 행복해할 줄 아는 자매라니!

'오! 하나님 감사합니다. 이렇게 작은 것에 감사할 줄 아는 여성을 저에게 배우자로 주셔서 감사합니다.'

비록 늦은 밤, 열차에 몸을 실었지만 내 가슴속에선 자매와 함께할 미래의 빛이 떠오르는 것 같았다.

내가 아내에게 늘 고맙게 생각하는 한 가지가 있다. 나는 의사 국가고시 시험에 합격하고 나서 곧바로 군에 입대를 했다. 찬바람이 쌩쌩 부는 영천의 3사관학교에서 1월과 2월 8주간의 의무 장교 훈련을 받았다. 훈련을 받기 시작할 즈음, 훈련병들 사이에서 한 가지 내기가 벌어졌다. '밖에 두고 온 애인한테 누가 제일 먼저 편지를 받느냐?' 하는 것이었다. 나는 옷을 보내면서, 옷가지 사이에 훈련소 주소를 적은 쪽지를 넣어 자매에게 보냈다.

"정신 씨, 제가 있는 곳의 주소를 보냅니다. 훈련받는 동안 매일같이 편지를 써주면 좋겠어요. 만일 그렇게 해준다면, 제대하고 나서 더 잘해줄게요. 약속해요."

당연히 그 내기의 승자는 나였다. 훈련을 시작한 지 며칠도 되지 않아서 자매의 편지가 도착했다.

"이창우 후보생, 아니 어떻게 주소를 보낸 거야?"

그곳에서 나는 다른 사람들의 부러움의 대상이 되었다. 정신은 매일같이 편지를 한 통씩 보내왔다. 나는 지금도 그 편지들을 고이고이 간직하고 있다. 그리고 한 번씩 꺼내서 읽어보면서 아내에 대한 고마움을 되새기곤 한다. 그러면서 '매일같이 편지를 써주면 더 잘해줄게요'라고 했던 약속을 잘 지키지 못하는 것 같아 아내에게 미안한 마음이 든다.

아내와 나는 1987년 10월에 약혼을 하고, 이듬해인 1988년 4월에 결혼했다. 약혼 이후 결혼할 때까지 우리는 의도적으로 하나님께 늘 감사기도를 했다. 태어나고 죽는 때는 우리 마음대로 정할 수 없지만, 배우자를 서로 선택하는 특권을 주셔서 우리 삶에 가장 기쁜 시간을 보내고 있음을 날마다 감사드렸다. 요즘도 가끔 이런 생각이 든다.

'만일 그때 내 자존심을 앞세워 다시 자매에게 돌아가지 않았다

면, 지금처럼 이 길을 걷고 있을까?'

아내는 원래 장미 같은 사람이었지만 안개꽃 같은 삶을 살아주었다. 자신이 도드라지기보다 오히려 나를 돋보이게 해주는 사람이었다. 수수하면서도 남을 배려할 줄 아는 따스한 성품이 영혼 깊숙이 배어 있다. 나는 아내의 성품과 신앙을 '온실효과'라고 말하고 싶다.

평생 새벽제단을 쌓으신 장인, 장모님은 늘 '자녀를 위해 기도하는 부모는 믿음의 대를 적극적으로 준비해가는 것'이라고 하면서 삶으로 신앙의 본을 보여주셨다. 장인어른은 교회건축이나 선교, 봉사 등에서 솔선수범하셨다. 당신은 먹을 것이 없더라도 교회를 위해서라면 사례비 전부를 드리기도 하셨다. 장모님도 짝이 다른 양말을 모아서 신으실 정도로 절약하셨지만 그 돈을 모아 장학금으로 내놓으시고, 곳간을 털어 어려운 이웃들을 꼼꼼히 챙겨주셨다. 그런 모습을 보고 자란 아내는 대학 4년 내내 용돈을 직접 벌어 생활했다.

또한 장인, 장모님은 2남 1녀의 자녀들에게 신앙과 예절 교육을 철저하게 시키셨다. 세 자녀의 개성을 존중해주었지만, 인간의 도리나 예의범절에 조금만 빗나가도 눈물이 찔끔 나도록 호되게 야단을 치며 엄격하게 교육하셨다고 한다. 그렇게 자란 두 오빠는 현재 광림교회 담임목사(김정석 목사)로 섬기고 있고, 전 명지대 교수(김정운 권사)로 일했다. 그런 부모님들의 인품이 온실이 되어주셔서, 삼 남매의 인격과 성품을 아름답게 가꿔오신 것이 아닌가 생각한다.

병원선의
추억

나는 1987년 1월, 스물여섯 살에 군대에 입대했다. 인턴과 레지던트 과정을 끝내지 못했지만, 군을 마치고 되도록 빨리 미국에 유학을 가고 싶은 마음이 있었다. 최신 의술을 좀 더 배워서 선교하는 데 사용하고 싶었기 때문이다.

영천 3사관학교에서 8주 훈련을 마치고 군의관 장교가 되었다. 시험을 봐서 자대가 배치되는데, 나는 해군으로 예편이 되어 공중보건의 생활을 하게 되었다.

병원선(病院船)을 타기 시작한 것은 4월이었다. 인천 연안 부두에서 월요일 아침에 배가 떠나면 토요일 새벽에 돌아오는 일정이었다. 인천 앞바다에 있는 섬들을 정기적으로 돌면서 의료 혜택을 보지 못하는 섬 주민들을 찾아가 검진을 하고, 치료를 해주는 일이었다. 병원선에는 의사 한 명과 치과의사 한 명, 간호사 두 명, 선장과 기관사, 갑판장과 갑판원 그리고 방사선기사와 주방장이 탔다.

섬들을 돌며 병원선을 탔던 일은 지금도 아름다운 기억으로 간직되어 있다. 평생 한 번 가보지도 못하고 알 수도 없는 아름다운 섬들이 우리나라에 그렇게 많은 걸 처음 알았다. 섬 사람들은 도시에서 볼 수 없는, 때 묻지 않은 순수함을 간직하고 있었다. 치료를 해주면 항상 꽃게나 우럭 등을 가져다주곤 했다. 그럼 우린 그걸 갑판 위에 앉아 먹으면서 보람을 느꼈다. 어느 날은 게장을 받아서 먹었다가 탈이 난 적도 있었다. 나는 그때 게장을 먹지 않아 나를 제외한 모두가 배탈이 나고 말았다. 배 안에 열한 명이 누워서 주사와 링겔을 맞는 우스꽝스러운 장면이 생생하다.

사실 모르고 탔기에 망정이지, 바가지같이 생긴 병원선에서 근무한다는 것은 24시간 시소를 타고 있는 것 같았다. 토요일 새벽에 집에 돌아오면 어지러워서 아무것도 할 수 없었다. 누워 있으면 방바닥이 오르락내리락했다.

한번은 덕적도 서포리 해수욕장에 간 일이 있었다. 중학교 때 교회에서 한 번 간 적이 있었던 곳이라 어린 시절이 떠올라 설레었다.

"땡땡땡!"

병원선이 도착했다는 소리를 알리자 희한한 광경이 펼쳐졌다. 갑자기 해수욕장에 있는 수많은 사람들이 병원선을 향해 몰려오고 있었던 것이다. 뭘 먹고 탈이 났는지, 그 많은 사람들이 다 앓아눕고 설사를 했다. 기우뚱하게 정박되어 있는 배 안에서 106명이나 되는 설사환자를 주사를 꽂아놓고 정신없이 치료를 했다. 가까스로 진료를 끝냈더니, 썰물 되기 전에 배를 띄워야 한다고 곧바로 떠나야 했다. 알고 보니 그 섬의 할머니가 소라를 삶아서 팔았는데, 전날 삶은 소라가 말썽을 일으킨 것이었다. 삶은 소라를 먹을 때에는 푸른색의 내장을 버려야 하는데, 그걸 먹어 문제가 생긴 것이었다. 어린 시절 간직했던 추억의 장소에 대한 기대감은 다 날아가버렸지만, 서포리 해수욕장에서의 새로운 기억은 중학생 때 경험보다 한층 더 소중한 추억이 되었다.

병원선을 타면서 의미 있는 기억은 성경공부를 한 것이었다. 병원선 식구들은 대부분 연세가 많았지만 내가 기독교가 무엇인지, 하나님께 예배드린다는 것이 무엇인지 알아보지 않겠느냐고 제안했을 때, 큰 거부감 없이 잘 따라주었다. 사영리로 복음을 전하고 로마서와 요한복음을 시작으로 신약성경을 매일 같이 공부했다.

나는 주석을 놓고 공부하면서 성경 강해를 준비해 나갔다. 낮에는 진료를 하고 저녁 때 예배를 드리면서 성경공부를 했는데, 그 분들은 자투리 시간에 술을 마시고 화투를 치다가도 예배드리는 시간이 되면 판을 치우고 성경공부에 임했다. 지금 생각해보면 그 시간이 그 분들을 위한 것이기도 했지만, 가장 큰 특혜를 본 사람은 바로 나 자신이었다는 생각이 든다.

11, 12월이 되어 인천항이 얼어붙기 시작하면 병원선으로 섬을 돌

수 없어 해상 업무는 종료되지만, 내가 탄 적십자사 병원선은 순회 진료 버스를 만들어서 비무장 지대를 도는 일을 했다. 경기도 지역에 민통선 안쪽 비무장지대 마을을 찾아다니면서 진료를 했는데, 월요일에 나가면 토요일까지 5일을 여관에서 묵어야 했다. 그렇게 겨울 해동이 끝날 때까지 진료를 했다. 정말 쉴 시간이 없이 많은 환자들을 대했다.

해동이 되자 다시 배를 타기 시작했다. 그때쯤 되면 공중보건 의사들의 세계는 분주해진다. 2년차가 되기 때문에 서로 좋은 곳에 발령을 받으려고 눈치를 보고 촉각을 날카롭게 세웠다.

나 역시 가고 싶은 곳이 있었다. 내가 원했던 곳은 경기도 김포였다. 만일 김포가 안 된다면 부모님 집에서 가장 가까운 월곶이라는 지역에 가려고 마음을 굳게 먹고 있었다.

4월 말에 결혼을 앞두고 있었기에 가정을 돌보기 위해서라도 반드시 김포로 가고 싶었다. 무엇보다 나는 원하는 곳으로 갈 수 있는 1순위였다. 모두가 기피하는 지역에 가장 원칙적으로 병원선을 탔고 다른 사람의 몫까지 감당했기에, 내가 원하는 김포로 발령이 나리라는 것은 추호도 의심하지 않았다. 그렇게 기대를 가지고 4월 마지막 배를 타고 돌아왔을 때, 청천벽력 같은 소리를 듣게 되었다.

어떤 일이 있었는지 모르지만, 내가 아닌 다른 친구들이 김포 지역으로 가게 되었고 나는 경기도 용인의 이동면으로 발령이 났다는 것이었다.

'인천에서 용인까지 왕복 다섯 시간인데 어떻게 출퇴근을 한단 말인가?'

아무리 생각해도 억울하고 아쉬워서 견딜 수가 없었다. 김포 쪽으로 바꿔달라고 사정해보았지만 돌아오는 답변은 용인 지역이 공중보건의들이 가장 선호하는 지역이며, 나를 배려해준 것이라는 말뿐이었다.

4월 13일 배정을 받아 첫 출근을 한 날 사람들이 환영해주었다.

"축하합니다. 이곳은 굉장히 좋은 곳입니다."

결혼을 코앞에 둔 나는 마음이 편할 수가 없었다.

'앞으로 정말 힘들어지겠구나!'

4월 30일에 많은 사람의 축복을 받으며 결혼식을 올렸다. 하지만 신혼여행을 마치고 출근을 하러 가는 내내, 인생의 새 출발이 무겁게만 느껴졌다. 주말 부부를 하든지 보건지소 근처로 이사해야 한다는 것이 속상했다. 무거운 발걸음으로 출근을 했다.

"이창우 선생님! 전보 발령이 났습니다."

"예? 전보 발령이라니요? 제가요? 어디로요?"

"옹진군입니다."

"뭐라고요? 옹진군이라고요?"

갑자기 전보 발령이 난 것도 신기한데 그곳이 옹진군이라니! 옹진군은 인천 앞바다에 있는 섬이다. 보통은 면 보건소로 가는 것이 상식인데 나를 섬으로 보낸다는 것이다. 그것도 내가 신혼여행을 간

사이에 시행령이 바뀌는 바람에 옹진군 보건소에 의사를 보내라는 지시가 떨어진 것이다. 더 놀라운 일은 옹진군의 모든 섬들을 위한 그 보건소가 바로 우리 집에서 500미터 떨어진 곳에 있다는 사실이었다. 결코 우연이 아니었다. 기관에서 알고 한 일도 아니다. 직원들은 우리 집이 옹진군청 근처에 있다는 것을 알지도 못했기에, 하나님의 은혜라고밖에 설명할 길이 없었다.

'내가 생각했던 것보다 더 좋은 것을 주시려고 섭리하신 하나님의 은혜가 이런 것이구나.'

나는 이 일을 통해 하나님께서 나의 '의'를 어떻게 깨뜨리시는지를 알게 되었다. 내가 경기도 김포로 발령이 나야 한다는 생각은 '자기 의'에서 비롯된 당위성이었다. 내가 가장 많이 일을 했다는 의를 앞세워, 내가 원하는 곳에 가야 한다고 생각했던 것이다. 만일 내가 처음부터 김포로 발령이 났다면, 내 수고에 대한 당연한 결과로 받아들이고 감사하지도 않았을 것이다.

그런데 하나님께서는 나의 '의'를 꺾어버리셨다. 나로 억울하게 하시고 포기하게 하셨다. 그리고 꺾인 자리에서 내가 원했던 김포보다 더 가까운 옹진군으로 발령을 나게 해주셨다. 나의 의를 꺾으신 후에 은혜를 베풀어주신 것이다. 나는 옹진군으로 발령이 났다는 사실보다 하나님께서 나의 의를 꺾으시는 방식으로 내 인생에 개입해주신 것이 더 은혜로웠다.

'하나님! 앞으로도 저를 세밀하게 인도해주세요. 제 안에 시퍼렇게 자리잡고 있는 자아를 내려놓게 해주세요. 늘 심령이 가난한 자로 살게 해주세요. 심령이 가난함이 곧 행복임을 알게 해주세요.'

병원선을 탔던 일과 근무처가 용인에서 집 근처로 바뀐 일들은 나의 의와 힘과 의지를 내려놓는 계기가 되었다. 그리고 그 속에서 나를 다루시는 하나님의 깊은 사랑을 알 수 있었다. 그 확신은 선교의 꿈을 키우게 해주는 나의 영적인 이력서가 되었으며, 하나님께서 나를 얼마나 사랑하시는지를 뼈저리게 느끼게 된 사건이었다.

3

하나님의 선교는 오늘도 진행중

인공관절
전문가의 꿈

1992년, 한양대 정형외과 레지던트 1년차가 되면서 가정에 충실할 수가 없었다. 1989년에 큰아들을 낳았고, 1991년에 둘째 아들을 낳았지만, 아이들에게 아빠 역할도 할 수가 없었다. 레지던트 시작부터 100일 당직을 서게 되었으니, 내 한 몸 돌볼 겨를도 없었던 것이다.

그래도 그 힘든 시절이 내게는 중요한 연단의 과정이었다. 보통 1년차 전공의들은 시간이 많이 걸리면서도 중요하지 않은 일들을 담당한다. 그럼에도 나는 그런 일들을 통해 차츰차츰 정형외과 의사가 된다는 것이 얼마나 행복한 것인지를 깨닫게 되었다. 내가 레지던트 1년차를 겪으면서 가장 먼저 배운 것은 청결이었다. 정형외과는 다른 과보다 특별하게 청결해야 한다. 깨끗한 수술을 해야 하는 것을 시작할 때부터 배우고 습관화하게 되었다.

또한 200명 넘는 입원 환자들을 돌보게 되면서, 나는 의술의 기본을 배울 수 있었다. 중요하진 않지만, 손이 많이 가는 차트나 슬립을 적는 일들, 수술이 끝난 환자들의 상처를 치료하는 일들, 골절 환자에게 깁스를 대주고, 통증이 없게 주사를 놔주는 일들, 그 일들이 정형외과 의사로서의 충분조건은 아니었지만, 기본을 몸에 배이게 해주었다. 나는 기본적인 일들을 배우고 익히면서 마치 소림사에서 무술을 배우기 위해, 먼저 청소와 밥 짓는 일부터 하는 것처럼, 정형외과 의사가 되기 위해 자연스럽게 거쳐야 할 과정이라고 생각했다.

'이런 기초적인 일들을 몸에 완전히 배게 해야 하는구나! 그래야 생명을 생명답게 대하는 겸손과 배려가 몸에 익혀지는 거구나! 이 과정들을 충분히 익혀놔야 환자들에게 실수하지 않고, 후배들을 가르칠 수 있겠구나.'

외과 계통은 4년차가 되어야 주치의가 된다. 내과의 경우는 1년차가 주치의이다. 이는 의미하는 바가 상당히 다른 문제이다. 4년차가 주치의를 한다는 것은 책임을 진다는 의미이다. 칼을 한 번 잘못 대면 그 막중한 책임을 4년차가 지게 되는 것이다. 그래서 3년차 밑으로 그 가르치는 것이 더욱 엄격하고 냉혹할 수밖에 없다. 그러니까 정형외과는 앞에서 가르친다고 할 수 있다.

반면에 내과에선 1년차에게 주치의를 맡기게 되니까 1년차가 그 책임을 지게 되어 있다. 그리고 2,3년차와 4년차가 백(back)을 봐준다고 한다. 뒤에서 가르치는 것이다. 무엇이 더 좋다고 말할 수는 없지만, 개념이 다르다.

비화를 하나 이야기하자면 대학병원의 경우, 1월에서 3월 사이에는 환자들이 많이 죽는 경향이 있다. 겨울철에 환자들이 많이 죽는 것을 단순히 계절 탓으로 볼 일이 아니다. 또 하나의 작은 이유는 의사들이 그 달에는 많이 숙련되지 않았기 때문이다. 윗년차가 전문의가 되어 떠나고 나면 갓 연차가 올라간 전공의들이 피곤하고 아는 것도 많지 않을 때가 1월에서 3월이다. 호흡기 질환 환자들이나 심장 질환 환자들이 죽을 확률이 조금 더 높을 수 있다.

의사들이 저절로 의사가 되는 것이 아니다. 그렇게 혹독한 훈련과정을 거치면서 전문 의사가 되어가는 것이다.

내과나 일반외과, 신경외과들은 치료 후에 잘 낫는 경우가 있지만, 늘 죽음을 앞두고 있다. 반면 정형외과는 항상 뒤처리를 하는 과에 속한다. 응급실에 심하게 다친 환자가 실려오면 신경외과, 흉부외과, 일반외과 전공의들의 진단이 날 때까지 정형외과는 기다리는 수밖에 없다.

"다른 해당 사항 없으면 우리 과로 입원시킬게."

이 말을 매일 응급실에서 반복했다.

정형외과는 죽음과 가까운 환자들이 아니라 회복되고 완치되는 환자들이 많다는 점이 좋았다. 치료기간이 오래 걸리긴 하지만, 그만큼 오랫동안 환자들을 대할 수 있어서 좋았다. 손가락 하나만 부러져도 4주 이상 환자들을 대하기 때문이다.

정형외과에는 많은 분야들이 있다. 어려서부터 노년까지의 분야가 있고, 부위에 따라 분야를 나누기도 한다. 나이로는 소아정형외과, 성인정형외과로 나뉜다(그 당시는 노인정형외과라고 이야기하지 않던 시대이다). 질병 또는 재해로 나누어서 재해환자, 질병환자로 나누기도 한다.

인턴 과정을 마치고 나와 아내는 시카고에 있는 김영식 장로를 찾아간 일이 있었다. 그 분은 시카고에서 재활의학과 원장으로 일하고 계셨는데 내게 정형외과 교수 한 분을 소개시켜주었다. 병원들을 돌아보는 와중에 장로님이 나에게 질문을 하셨다.

"이 선생은 어떤 과를 할 생각인가?"

"제 꿈은 의료선교입니다. 병원을 세우고 거기에서 나오는 수익으로 선교사업을 하고 싶습니다. 선교 마인드를 갖고 있는 의사, 간호사들과 함께 해마다 정기적으로 의료선교도 나갈 계획입니다. 아무래도 선교 현지에 장애를 갖고 있는 아이들이 많으니 소아정형외과를 지원해볼 생각입니다. 어떨 것 같습니까?"

그러자 교수님은 내가 전혀 생각지도 않았던 방향을 제시했다.

"자네 뜻은 잘 알겠네. 하지만 내 생각엔 노인정형외과가 나을 것 같네. 한국은 앞으로 미국처럼 아이를 많이 낳지 않을 거야. 반면 고령화에 맞춰 노인들은 점차 늘어날 거고. 실제로 미국에선 노인정형외과에 사람들이 많이 몰리고 있다네."

"노인 분들은 수술 위험부담이 크지 않습니까?"

교수님은 고개를 저으며 말씀하셨다.

"한국의 장래를 보고 싶은가? 그럼 미국을 보게. 선교사업을 하려는 자네 뜻은 좋아. 하지만 선교를 하려면 무엇보다 돈이 필요해. 소아정형외과를 전공해선 돈을 벌기 힘들어. 노인정형외과 중에서 인공관절을 전문으로 해보게."

당시의 인공관절은 미국에서 연수를 받았던 의대 교수님들이 새로운 수술법이라며 국내에 도입, 차츰 늘어나기 시작하던 시기였다.

'아! 그렇겠다. 선교를 하려면 돈이 필요하겠지….'

그 이야기가 나의 머릿속에 씨앗처럼 자라고 있었다. 그래도 나는 소아정형외과에 대한 마음을 떨쳐내기가 쉽지 않았다. 소아정형외과를 공부하면 어린아이들이 어떻게 자라는지를 보면서 하나님이 인간을 만드신 이치를 알게 되는 것이다. 예를 들어 어린아이들의 경우 척추뼈 하나에 결핵이 생기면, 도미노 같은 증상들이 이어지게 된다. 윗마디가 하나하나 무너져서 나중에 곱추가 생긴다.

그 엄청난 질병이 뼈의 한 마디 때문에 생기는 것이다. 한 번 관절에 문제가 생기면 어린아이는 다 뒤틀려버린다. 엉덩이 관절이 잘못되면 발목이 잘못되고 허리가 휜다. 아주 작은 증상만 바로잡아도 한 아이가 평생 행복하게 살 수 있는 기초를 만들어줄 수 있는 분야가 소아정형외과인 것이다.

'그런 일을 하면 얼마나 보람을 느낄 수 있을까?'

하지만 나는 그런 보람보다 선교의 사명을 택하기로 결정을 선회했다. 무엇인가가 나를 관절수술과 스포츠의학 쪽으로 몰아가는 듯했다.

'앞으로 인공관절 수술의 대가가 되자. 그래서 그 돈으로 의료선교를 하자.'

지금 돌이켜보면 하나님은 최적의 장소에서 내 앞길을 보여주시고, 최고의 사람을 붙여주셨다. 당시 최 교수님은 인공관절 수술의 대가로, 훗날 대한정형외과학회장과 한양대 부총장까지 지낸 명의셨다. 이처럼 훌륭하신 교수님들의 지도를 받으며 인공관절 전문의로서의 나의 행보가 시작된 것을 감사드린다.

힘들게 보낸 레지던트의 과정은 내게 연단과 훈련의 코스였다. 모든 순간이 하나님의 인도하심이었다. 내가 배운 기초들과 고생들 그리고 인공관절 전문가가 되겠다는 결단까지, 그 모든 것이 하나님의 섭리였음을 본다. 내 마음의 계획이 있다 하더라도, 내 모든 길을 인도해주시는 분은 하나님이셨다.

초심을
되새기다

1996년 1월 31일 꽃송이같이 탐스런 함박눈이 내리는 날, 나는 제천서울병원 정형외과장으로 일하기 위해 식구들과 함께 충북 제천으로 내려가게 되었다. 은사님들은 내게 바로 유학을 갈 것을 권유했지만 돈이 없었다. 1년이라도 유학 자금을 마련해야 했다.

"여보, 레지던트 기간 동안 아이 낳고 내 뒷바라지하느라 고생 많았지. 이제 제천으로 내려가면 1년간은 지금보다 시간이 많아질 거야. 이번에 당신과 아이들에게 잃은 점수를 만회할 시간을 좀 줘."

우리는 낡은 은색 자동차를 타고 제천으로 향했다. 눈은 이미 폭설로 변해 있었다. 영동고속도로 문막 근처에 이르렀을 때, 눈이 너무 많이 쌓여 앞바퀴에 체인을 감고 눈 속을 한참 달려야 했다.

새벽 한 시에 우리를 맞이해준 사람은 선배인 윤원구 부장 내외였다. 그날 이후, 두 분의 관심과 배려로 우리는 제천을 제2의 고향처럼 여기며 살게 되었다.

우리 가족에게 주어진 집은 8평짜리 좁은 집이었다. 다른 의사들은 서너 개의 방이 딸린 25평 정도 되는 집에 거했는데, 우리가 살 집은 준비가 되어 있지 않았다. 빈 공터에 주차장을 만들고 다른 한쪽에 기사들이 묵을 작은 방 두 개를 만들어놓았는데, 우리가 그곳에 들어가 살게 되었다. 임시로 사는 것이었지만, 딱 컨테이너만한 집이었다. 방 한 칸에서 우리 내외가 지내고, 더 작은 반대칸은 두 아들의 공간이었다. 작은 집에 그 많은 짐들을 풀어놓고, 밥을 먹을 때는 큰방에서 먹고, 이불은 한쪽에 개어둔 채, 천장에는 봉을 매달아 옷가지들을 늘어놓았다.

그때를 생각하면 아내에게 고맙기 이를 데가 없다. 그 열악한 환경에서 한 마디 불평을 내뱉는 법이 없었다.

"힘들면 힘들 게 사는 거지요. 뭐."

그래도 1년 뒤면 미국에 가서 공부할 수 있다는 희망이 고생을 이기는 힘이 되었다. 아이들은 방문만 열면 주차장이어서 그곳을 놀이터 삼아 뛰어놀며 마냥 행복해했다. 그때 우리 가족에게는 '소망'이 있었고, '순수함'이 있었다. 그 소망과 순수가 우리를 행복하게 했다. 나는 어디를 가든지, 어떤 상황에 놓이든지 소망과 순수만 잃지 않는다면 모든 순간이 행복할 수 있으리라는 믿음을 갖게 되었다.

제천에서의 목표 가운데 하나는 빚을 갚는 것이었다. 학비 때문에 은행에서 대출한 500만 원을 다 갚고 유학 자금까지 마련해야 했다. 월급을 많이 받았으면 좋겠지만, 그냥 주는 대로 받기로 했다. 첫 월급은 십일조와 감사헌금으로 거의 다 드렸다. 이후 우리 부부는 악착같이 아끼고 모아서 1년 동안 빚을 갚고 4천만 원의 돈을 모을 수 있었다.

그때 내 머릿속에는 오직 유학에 대한 생각으로 가득 차 있었다.

'4천만 원이면 차를 마련하고 우리 가족이 1년 정도는 살 수 있을 거야. 그다음부터는 어떻게든 장학금을 받도록 해야겠지. 그러려면 조금 더 많은 돈을 모아야 해.'

늘 이런 생각으로 살다보니 삶이 무미건조해지기 시작했다. 일에 집착할수록 사는 것이 사는 것 같지 않았다. 어려운 환자들은 거의 다 내 차지가 되었고, 나는 항상 제일 늦게 퇴근하는 의사가 되어 있었다. 아침에 출근할 때, 아이들이 말했다.

"아빠, 안녕히 다녀오세요. 오늘은 당직 아니지요?"

초등학교 1학년과 유치원생인 아이가 '당직'이라는 말을 너무 자주 쓰게 해서 미안했다.

"아빠가 퇴근할 때 뭐 사다 줄까?"

"마이구미 사주세요. 포도송이 젤리로 사주세요."

늦은 밤 집에 들어가면 아빠를 기다리던 아이들은 지쳐 잠이 들어 있었다. "아빠가 늦어서 미안해. 사랑한다"라고 속삭이면서, 구멍가게에서 산 젤리를 조막만한 손에 쥐어주곤 했다.

'지금 잘하고 있는 걸까? 제천 가면 아이들과 놀아주고 아내에게 잘하겠다고 약속했는데, 하나도 지키지 못하고 있구나! 애들 데리고 외식 한 번 못하고, 유학 생각에 현실에 더 묶이고만 있구나! 선교한다고 서원을 했는데 이게 뭔가?'

속에서 불편한 감정이 올라왔다. 그런 내 마음을 다시 돌이키게 하는 엄청난 사건이 발생했다. 그 당시 우리 가족은 제천동부교회에 다니고 있었다. 담임목사님이 우리 가족을 많이 사랑해주셨는데, 어느 날 목사님으로부터 한 통의 전화가 걸려왔다.

"이 집사, 오늘 심방 가려고 하는데 괜찮겠나?"

"오늘은 힘들 것 같아요. 병원 일이 늦게 끝나서요."

"오늘 꼭 봐야 하네. 중국에 선교사로 나가 있는 내 딸이 왔는데, 오늘 아니면 보기 힘들 것 같아."

"예, 그렇다면 한 번 시간을 만들어보겠습니다."

그날은 서둘러 일을 끝내고 집으로 돌아왔다. 나와 아내 그리고 목사님과 따님이 작은 상에 둘러앉았다. 선교사님이 말씀하셨다.

"집사님, 기도할 때마다 하나님께서 이 집사님 집에 가보라고 하셔서 이렇게 온 겁니다. 제가 집사님의 가정을 위해서 기도를 해드리겠습니다."

"예, 감사합니다. 저희 가족을 위해서 기도해주신다니 정말 감사해요."

나는 단순한 축복기도를 해주시겠거니 생각했다. 그런데 그게 아니었다. 선교사님의 기도가 시작되었는데, 우리 부부는 그런 기도를 처음 들어 놀랐다.

"하나님께서 이창우 집사님을 사랑하십니다. 하나님이 큰 계획을 보여주세요. 미국을 가게 될 거예요. 하나님께서 2년이 아니라 3년이 될 거라고 말씀하십니다. 열심히 돈을 모으고 있지만 그 돈은 아무것도 아니라고 하십니다."

기분이 이상해졌다.

'점쟁이도 아닌데, 어떻게 미래를 말씀해주시는 거지?'

마음속에서 의문이 생겼지만 계속 선교사님의 기도를 들었다.

"하나님께서 이 집사님에게 큰 병원을 세우게 해주실 거라고 하십니다. 이번에는 하나님께서 과거를 보여주시네요."

나는 눈이 휘둥그레지기 시작했다. 나와 아내만 알고 있는 과거의 일들을 처음 본 낯선 사람이 말하고 있었다. 레지던트 할 때 어려웠던 일들, 금주를 선언한 일, 특히 대학교 2학년 때 CCC수련회 때 했던 나의 서원을 이야기할 때, 나와 아내는 완전히 무너지고 말았다.

"집사님, 지금은 다 잊어버리고 힘들어하고 계시지만, 하나님께서는 그때 서원했던 내용을 기억하고 계십니다. 그 서원을 기뻐하신다고 하십니다. 시간의 십일조를 하겠다는 마음도 너무 예뻐서 집사님을 쓰시기로 하셨답니다. '서원을 하면서 나실인처럼 살겠다고 노력한 것을 너는 잊고 있지만, 나는 15년이 지나도 그 마음을 잊지 않고 있단다. 힘든 상황에서 어떻게든 네가 시간의 십일조를 드리려고 했던 것이 너무나 예쁘고 사랑스러웠다'라고 하시네요."

이어서 아내를 향해 말씀하기 시작했다.

"네가 음악적으로 성공할 수도 있었지만 남편을 위해서 포기한 그 마음이 기특하다. 하지만 너는 나중에 음악을 다시 하게 될 것이다."

선교사님은 다시 우리 부부를 향해 받은 마음을 말씀해주셨다.

"지금은 많이 힘들지만 미국에 가서 많은 것을 보게 될 것이고, 한국에 돌아와서 선교를 하게 될 것이다. 지금 제천서울병원이 크다고 생각하니? 너는 이 병원보다 더 큰 병원을 하게 될 것이다. 네가 생각하는 만큼 내가 줄 것이다. 하지만 너는 나이가 들어서는 네가 알지 못하는 곳으로 떠나게 될 것이다. 부모와 형제들에 대해서는 걱정하지 말아라."

아내와 나는 그 자리에서 울음을 터트리고 말았다. 얼마나 큰 위로와 힘이 되었는지 모른다. 너무나 신기하고 이상했지만, 선교사님을 통해서 하나님께서 우리에게 하시는 말씀이라는 것을 의심할 수가 없었다. 그때 들었던 내용을 수첩에 적어놓고 지금도 힘들 때마다 소리 내어 읽으며 위로를 받고 있다.

후에 미국에 갔을 때 정말이지 우리가 가져간 돈은 별로 도움이 되지 않았다. 그리고 전혀 생각지도 못한 곳에서 도움의 손길들이 펼쳐지곤 했다. 지금까지 그 선교사님이 기도 중에 하신 말들이 순간순간 떠오르며 마음 한편에서 이런 생각이 든다.

'아! 서원이 이렇게 무서운 것이었나? 하나님을 위해서 나실인처럼

살겠다고 한 약속, 선교사가 되겠다고 한 약속, 어느 것 하나 허투루 사라져버리지 않는 것이었던가?'

우리 부부는 하나님께 감사하는 한편, 그분을 향한 두려움과 떨림을 간직하게 되었다. 물론 나는 신비의 영역을 믿지만 크게 의존하지는 않는다. 그러나 내 생애 가장 힘들었던 기간에 하나님께서 그런 방법으로 우리 가족에게 위로와 소망을 주시고, 다시 한 번 서원을 다짐하게 하신 것이라 믿는다. 우리 부부는 그날 이후, 새로운 마음을 갖게 되었고 다시 한 번 초심으로 돌아가기를 결단했다.

'하나님 어디를 가든, 무엇을 하든, 하나님과의 약속을 기억하고 지키겠습니다. 저희에게 주신 약속을 붙잡고 끝까지 가겠습니다.'

환자가
스승이다

제천서울병원에서 근무하는 동안 많은 것들을 시도해볼 수 있었다. 무엇보다 대학병원에서 익힌 수술을 50번 이상 하면서 인공관절 분야의 비전을 다시 한 번 확인할 수 있었다. 그 당시 제천은 인공관절의 불모지였다. 수술받으면 후회하게 될 거라는 분위기가 지배적이었다. 일일이 환자들을 설득하면서 수술을 했고, 결과는 성공적이었다.

1년간 눈코 뜰 새 없이 많은 환자들을 보았다. 그 노력의 결실이었을까? 유학을 앞둔 시점에서 우리 가족이 일본의 자매 병원을 시찰할 수 있는 기회가 주어졌다. 1년 동안 수고 많았다는 병원 측의 선물과도 같았다. 우리 가족에게도 모처럼 설레는 여행이었다.

홋카이도의 아사히카와라는 곳이었는데, 그곳에 노인재활병원이 있었다. 1996년 2월 눈이 쏟아지는 늦겨울이었다. 우리 가족은 《빙점》을 쓴 미우라 아야코의 고향인 아사히카와에 짐을 풀었다. 나는 중학생 때 미우라 아야코를 좋아해서 여러 책들을 읽었었는데, 특히 좋아했던 《빙점》의 숨결이 느껴지는 것 같았다.

그곳에 노인재활병원을 방문해서 병원장을 통해 미우라 아야코의 이야기를 들을 수 있었다. 그는 미우라 아야코의 주치의이기도 했다. 소설 안에 등장하는 의사가 바로 눈앞에 있다는 것이 놀라웠다. 우리는 두 개의 병원을 시찰했는데 하나는 노인정형외과, 다른 하나는 노인재활병원이었다.

나는 일본을 그다지 좋아하지 않았지만, 그곳에서 일본 의사들이 환자들을 대하는 태도를 본 뒤로 인식이 많이 바뀌었다. 의사와 환자와의 관계가 숙연해질 만큼 진실해 보였다. 가장 놀라운 건 아침 회진 풍경이었다.

"오노자와 선생님이 오십니다. 한국에서 오신 이창우 의사와 같이 봅니다."

그 말을 들으며 병실에 들어서자 환자들이 이불을 다 개어놓고, 무릎을 꿇고 기다리고 있는 것이 아닌가! 가슴 깊은 곳에서 우러나오는 존경심이 없는 한 도저히 취할 수 없는 태도였다.

'어디에서 이런 존경심이 우러나오는 것일까? 한국에서는 한 번도 본 적이 없었는데….'

감동은 거기서 멈추지 않았다. 외래환자들을 보는 병실에는 열다섯 개의 침구들이 놓여 있었는데, 그곳에 노인 환자들이 주욱 누워 있고, 오노자와 선생님이 한 분 한 분 연골 주사를 놓아주었다.

어디에서도 본 적이 없던 모습이 다시 한 번 눈에 들어왔다. 그것은 환자를 바라보는 의사들의 눈빛이었다. 진심으로 환자를 사랑하는 애정으로 가득 차 있었다. 그리고 환자 앞에 겸손하게 무릎을 꿇고 앉아 주사를 놔주고 있었다. 그 모습이 나의 머릿속에 영원처럼 찍혔다.

'그래, 나도 환자들에게 무릎을 꿇는 것이 맞아. 나는 저들의 병을 치료하는 전능자가 아니야. 저들을 치료하는 것은 단순한 기술이 아니라 사랑이다. 사랑과 진심이 환자들을 치유하고 회복케 하는 능력이구나.'

그때 아버지께서 늘 하시던 말씀이 생각났다.

"창우야, 환자는 말이지 스승이야. 환자를 통해 우리 의사들이 항상 배우는 거야!"

60년 가까이 누구보다 치열하게 의술을 펼치신 의사의 입에서 나온 결론!

'환자가 스승이다.'

그 말씀이 실감나는 순간을 일본에 와서 보게 된 것이다. 의학이란 상아탑에서 발전되는 것이 아니다. 수많은 환자들을 만나고 치료하고 수술하고 실패하기도 하면서, 환자들을 통해 임상적으로 배우게 된다. 그래서 환자가 의사의 스승이다.

그렇다면 의사는 환자 앞에서 무릎을 꿇어야 하지 않겠는가? 그 후로 나는 환자들 앞에서 무릎을 꿇는다. 내 무릎 위에 환자분의 다리를 올려놓고 주사를 놔드린다. 지금도 그걸 어려워하는 분들이 있지만, 나는 내 진정성을 그렇게라도 표현하면서 '당신은 나의 환자가 아니라 스승입니다'라는 초심을 잃지 않으려 한다.

　이 귀한 깨달음을 몸소 경험하게 하시려고, 유학 전에 하나님께서 일본으로 인도해주신 것이었다.

생존의
벽 앞에서

1997년 2월 말, 드디어 우리 네 식구는 미국 유학길에 올랐다.
'하나님이 준비하시는 곳으로 가는구나. 이제 몇 년 후면 모든 학업
을 끝내고 하나님 앞에서 제대로 일을 시작할 수 있을 거야.'

큰아들 사무엘은 초등학교 3학년이고, 둘째 아들 다니엘은 여섯
살이었다. 두 아들은 어디 가는지도 모르고 비행기를 타는 것만으
로 행복해했다. 사실 아무것도 모르는 것은 나와 아내도 마찬가지
였다. 비행기 위에서 내려다본 망망대해처럼 우리 부부의 마음도 망
망함 그 자체였다.

한양대병원과 제천서울병원에서 바쁘게 지냈던 순간들이 스쳐 지
나갔다. 엄마 곁을 떠난 아기처럼 두려움이 앞섰지만 마음 한쪽에선
환자들을 책임져야 하는 스트레스에서 벗어나 마음껏 공부할 수 있

다는 사실이 꿈만 같았다.

현지에 계신 한기덕 집사님 내외분은 처음 만난 우리 가족을 따뜻하게 맞아주셨다. 월세로 반지하 아파트를 얻고 교회에 등록을 하고, 아이들 학교와 유치원을 비롯해 운전면허부터 전화 등 세밀한 부분까지도 가족처럼 챙겨주셨다.

집사님은 나를 존스홉킨스 병원의 3층에 있는 외래 진료센터로 안내해주었다. 그리고 그곳에서 이태리계 미국 의사인 닥터 프라시카 교수를 만났다. 나는 미국에 가기 전 9개월 동안 원어민에게 아내와 함께 영어를 배웠다. 그런데 프라시카 교수가 하는 말이 하나도 들리지 않는 것이었다. 내가 할 수 있는 말은 "I beg your pardon"(다시 한 번 말씀해주세요)뿐이었다. 문제는 스피드였다. 현지인들이 쓰는 빠른 영어를 도저히 따라잡을 수 없었다. 나의 새로운 시작은 절망감이었다.

프라시카 교수는 젠틀한 신사였다.

"다음에 와서 다시 이야기해봅시다. 일주일간 살림 준비한 다음에 다시 오십시오."

메릴랜드는 우리나라의 경기도 같은 곳이다. 그리고 볼티모어는 꼭 인천 같은 느낌이었다. 워싱턴 DC에서 볼티모어까지 한 시간 거리인데, 항구도시라 그런지 상당히 거친 분위기였다. 우리 가족이 도착하기 얼마 전에는 한국인 두 명이 흑인에게 총을 맞아 죽은 일도 있었다. 차로 가더라도 창문을 열면 안 되는 곳이었다. 흑인들이 사는 마을에선 차를 멈추면 안 된다. 신호등이 있다면 멀리서부터 속도를 맞춰 신호등을 통과해야지, 잠시라도 서게 되면 총을 들이대고 돈을 요구하기도 했다.

그 황량하고 거친 도시에 세계적인 병원 존스홉킨스가 있었던 것이다. 볼티모어는 존스홉킨스 대학과 레이번스라는 야구팀이 먹여 살린다는 말이 있을 정도였다. 그 외에는 달리 자랑할 것이 없는 다소 위험한 도시이다.

거의 모든 유학 생활이 그러하듯이, 우리 가족의 미국 유학 생활 역시 매일 반복되는 고충의 연속이었다. 나는 한 집사님을 의지하지 않고는 아무것도 할 수 없었다. 한번은 우리 집에서 20분밖에 걸리지 않는 교회에 늦지 않게 가려고 한 시간 전에 출발했는데도 그 짧은 거리를 헤매다가 예배가 끝난 뒤에 도착한 적도 있었다.

하루하루 머리카락이 주뼛주뼛 일어섰다. 전화벨 소리만 들려도 두려웠다. 용기를 내서 전화를 받으면 속사포 같은 영어가 쏟아져서 벙어리처럼 수화기만 들고 서 있기도 했다. 그걸 녹음해서 한 집사님에게 들려주고 내용을 확인했다.

한 번은 다니엘이 다니는 학교에서 엄마를 부른 일이 있었다. 아이의 옷을 갈아입혀야 한다는 것이었다. 아내가 가보니, 다니엘이 옷을 입은 채로 실례를 한 것이었다. 알아보니 화장실을 가고 싶다는 말을 영어로 할 수 없어서 억지로 참고 있었던 것이었다.

또 한 번은 아이들이 호전적이라고 해서 학교에 불려간 일도 있었다. 한국의 남자아이들은 장난으로 권투 포즈를 취하는 것이 친밀함을 표현하는 일종의 놀이였는데, 미국 문화에선 그걸 진짜 싸우려는 걸로 인식한 것이었다. 그런 문화적인 거리감에도 불구하고, 두 아들은 말없이 고충을 견뎌주었다.

미국에서 맞이한 최악의 고충은 경제적인 문제였다. 1997년 4월 한국에서 좋지 않은 소식이 들려왔다. 한국의 IMF 금융위기 소식이었다. 우리가 준비해갔던 돈이 하루아침에 곤두박질을 치고 말았다. 한국에서 왔던 교환교수들은 다 고국으로 돌아가고 우리만 남았다. 우리가 미국에 온 지, 불과 서너 달도 안 된 시점이었다. 미국에서 쓸 수 있는 신용카드도 없었고 한국의 신용카드는 돈을 채울 수도 없는 상황이었다. 미국에서 장학금을 받으려면 적어도 1년이 지나야 하는데 그때까지 어떻게 버틸지, 눈물이 핑 도는 상황이었다. 일전에 중국 선교사님이 기도해주었던 내용이 생각났다.

"당신들이 모은 돈이 아무것도 아니라는 것을 알게 될 것입니다."

이 말에 뼈에 사무치듯이 떠올라 뇌리에 꽂혔다.

그때 우리를 안쓰럽게 보던 집사님이 돈을 빌려주겠다고 하셨다.

"이 집사 힘들면 이야기해. 나중에 갚으면 되잖아."

나는 어쩔 수 없이 집사님께 2천 달러를 빌렸다. 그날 차를 몰고 병원을 가는 중에 14년 된 중고차가 고장이 나버렸다. 차를 맡겼더니 수리비가 정확히 2천 달러가 나온 것이 아닌가. 차라리 돈을 안 빌렸다면 모르겠는데, 생활비로 쓰려고 빌린 돈을 다 써버린 것이다.

'하나님, 이제 우리는 어떻게 생활해야 합니까?'

볼티모어 항구가 내려다보이는 존스홉킨스 대학병원 도서관, 나는 창밖으로 항구를 내다보면서 하염없이 눈물을 흘렸다. 그때 한국에서 가져갔던 주석책 한 권을 빼곡하게 줄을 그으면서 읽었는데, 그 책장에 나의 눈물이 뚝뚝 떨어졌다. 창밖에는 우뚝 솟은 화려한 타운 하우스들이 보였다.

'아! 남들은 다 저 건물에서 사는데, 우리는 돈이 없어서 빛도 안 들어오는 반지하에 사는구나. 먹을 것을 살 형편도 안 되는데, 우리 가족이 어떻게 버틸 수 있을까? 주님, 제발 도와주세요.'

그때 통장에 남아 있는 6불이 우리가 가진 전 재산이었다.

'애들하고 햄버거 한 번 사먹을 수 있을까? 그것도 12불이나 드는구나.'

주변에서는 다들 한국으로 돌아가라고 충고했다.

"닥터 리, 당신네 나라가 어렵다고 하던데 정말 괜찮은 겁니까?"

"아, 예. 괜찮을 겁니다."

우리가 한국을 떠날 때, 1달러가 800원대였는데 불과 몇 달만에 2,000원으로 올라간 상황에서 미국에서 버틴다는 게 쉽지 않았다. 상황은 나로 하여금, 포기하라고 강하게 밀어붙였다.

'이대로 돌아가야 하는가? 가족을 위해서 포기하는 것이 가장의 도리인가?'

수없는 갈등과 내면의 공격이 머릿속을 떠나지 않았다.

'안 돼. 돌아갈 수 없어. 이대로 돌아가면 다시는 이런 기회가 오지 않을 거야. 불과 6개월 전만 하더라도 인공관절 분야의 세계적인 흐름을 익힌 뒤, 한국으로 돌아가 의료선교사로 헌신하겠다고 다짐하지 않았던가? 게다가 미국 연수를 위해 나와 아내는 한국의 모든 것들을 정리했는데.'

또 다른 상념들도 머릿속을 휩쓸고 지나갔다. 당시 해외에 있던 한국인들은 IMF 소식에 나라가 망할 수 있다는 불안에 휩싸였다.

'한국과 함께 내 신분도 사라지고 마는 것인가?'

나중에 톰 행크스가 나오는 〈터미널〉이란 영화를 본 일이 있다. 나라가 망해서 신분이 없어진 사람이 터미널에 갇힌 신세가 되는 내용이었는데 얼마나 공감이 되었는지 모른다. 여권을 만들어줄 나라가 있다는 것이 얼마나 감사한지 비로소 절감했다.

그런 상념들이 머릿속에 얽히고설켜 나는 혼돈 상태가 되어버렸다. 그 혼돈의 한가운데서도 나는 집착하듯이 성경에 밑줄을 치고 있었다.

'아내에게 뭐라고 말을 해야 하나? 이제 어떻게 해야 하나?'

비통하게 치고 올라오는 답답함을 외마디 기도로 내던졌다.

"주여, 제발…."

그때 기적 같은 일이 벌어졌다. 미국에 올 때 장학금은 1년 뒤에 지급받기로 되어 있었다. 그런데 그 장학금을 미리 받을 수 있게 되었던 것이다. 더욱 놀라운 것은 장학금을 지급해주는 곳이 하버드대

병원이라는 사실이었다. 내가 있던 존스홉킨스대 병원은 하버드대 병원과 경쟁 관계에 있었다. 나의 담당 교수님이 하버드대 병원에 나의 고국 상황이 무척 어렵게 돼서 한국으로 돌아가야 할지도 모르니 장학금을 미리 지급해달라고 부탁했던 것이다. 그 부탁에 답신이 왔다. 첫 답신은 거절이었다.

"닥터 리가 존스홉킨스 대학병원에 있는 동안은 어렵습니다. 그는 현재 당신 병원에서 전문 의사로 육성하기 위한 과정에 있지 않습니까? 아시다시피 우리 병원과 당신 병원은 경쟁 관계에 있습니다."

인공관절 수술의 세계적인 권위자인 헝거포드 박사가 나를 연구실로 불러 걱정스럽게 이야기를 꺼냈다.

"닥터 리, 어떻게 하면 좋겠습니까?"

"교수님, 저희 가정은 방법이 없습니다. 다시 한 번 부탁드리면 안 되겠습니까?"

"좋습니다. 닥터 리가 국가적인 특수한 어려움에 있으니, 편지를 다시 한 번 보내보죠."

우리 부부는 마지막 남은 하나의 끈에 매달리듯이 기도에 매달렸다. 방값만 매달 725달러가 나가는 상황에서 장학금 외에는 우리 네 식구가 살아갈 방법이 없었다. 얼마 후에 하버드대에서 연락이 왔다.

"좋습니다. 우리가 당신 병원의 닥터 리에게 줄 장학금을 미리 지급하겠습니다."

당시 나는 서른일곱 청년이었는데 그 한 달 사이에 머리가 하얗게 변했다.

'내가 이렇게 늙어가는구나! 나도 약해져가는구나! 하나님 저를 내려놓겠습니다. 주님만을 더 의지하겠습니다.'

후에 나라가 회복되었는데도 나의 흰머리는 검정색으로 돌아오지 않았다. 그 당시 아내는 돈을 절약하기 위해 내 머리카락을 짧게 잘라주었고, 그것이 습관이 되어 나는 지금도 옆머리를 짧게 자르고 있다.

나는 유학 생활의 어려움을 통해서 인생의 진짜 얼굴과 내 자신의 진면목을 알게 되었다. 그리스도인에게 있어서 인생이란 광야다. 그리고 그 광야에서 그리스도인의 존재란 호렙산의 떨기나무같이 연약하고 무의미했다. 하나님은 사랑하는 자녀를 광야로 인도하셔서, 그곳이 푸른 초장이라고 고백하게 하신다. 광야가 푸른 초장이 되는 신비! 그것은 광야 앞에 무기력할 수밖에 없는 자기 한계를 인식한 사람이 전적으로 하나님을 의지하게 되었을 때 쏟아져내리는 행복감이 아닐까?

나는 앞으로도 선한목자병원과 우리 가족의 삶이 거친 광야일 거라 확신한다. 물질적인 축복과 번영을 위한 훈련 코스로서의 광야가 아닌 주님을 만나러 가는 길로서의 광야 말이다.

'하나님! 이 광야를 푸른 초장으로 노래하는 자가 되길 원합니다. 광야 속에 임하는 하나님의 은혜를 날마다 맛보고 사는 자가 되게

해주세요. 이 광야에서 맛보는 은혜를 통해 더욱 하나님나라를 사
모합니다. 더욱 주님을 사랑합니다. 우리에게 광야를 주서서 깨닫게
하시니 감사합니다.'

존스홉킨스에서
만난 스승들

3월 1일, 나는 볼티모어 시에 있는 존스홉킨스 대학병원으로 출근을
해야 했다. 첫 출근 날의 떨린 가슴을 평생 잊지 못한다. 마치 엄마
의 손에 이끌려 초등학교 1학년에 입학하는 아이처럼, 내 가슴은 두
려움과 설렘으로 방망이질하고 있었다.

　병원 입구에 도달하자, 다음과 같은 문구가 적혀 있었다.

　"전미 대학병원 평가에서 금년에도 1위가 됐습니다."

　7년째 타 대학병원의 추종을 불허하는 명실공히 세계 최고의 명망
있는 병원이었던 것이다.

　당시만 해도 존스홉킨스에는 한국인 의사들이 별로 없었다. 한국
의사들은 신청하는 족족 거부되던 때였다. 내가 그곳에 갈 수 있었
던 것은 장인어른 덕택이었다. 장인어른이 미국 웨슬리대학에 방문

하셨을 때, 장인의 친구분 아들이 존스홉킨스의 교수로 있다는 것을 아시고 무작정 찾아가신 것이었다. 본원을 찾으신 장인어른은 교수들의 사진을 훑어보다가 동양인 얼굴을 한 명 찾아내시고 교수실의 문을 두드리셨다. 미리 예약이 되지 않은 상황에서 반나절을 기다리시고 마침내 닥터 황을 만나셨다.

"당신의 부모님은 저와 친구 사이입니다. 우리 사위가 정형외과 전문의인데, 여기에서 공부를 하고 싶어 합니다. 정형외과에 아는 사람과 연결해주실 수 있겠습니까?"

"아, 예! 감독님, 제가 잘 아는 교수 중에 '프랭크 프라시카'(Frank J. Frassica)라는 사람이 있습니다. 종양학 정형외과 교수입니다. 그분과 연결해드리겠습니다."

그 도움을 고리로 나는 존스홉킨스 본원에 들어갈 수 있었다. 프라시카 교수는 종양학(척추와 사지에 생기는 암이나 양성 종양에 대한 치료를 배우는 학문)을 전공한 사람이라 내가 하고 싶어 하는 인공관절과는 맞지 않았다. 그래도 나는 프라시카 교수를 통해 종양학에 대한 공부를 깊이 있게 배울 수 있었다.

그는 전형적인 미국 사람이었다. '당신 돈으로 왔으니까, 당신이 하고 싶은 대로 하세요' 하는 식이었다. 처음에는 서운한 마음이 들었다.

'어떻게 저렇게 정 없이 이야기하지?'

한 번은 새벽 6시에 컨퍼런스를 참석해야 하는데, 아침을 못 먹고 와서 배가 고팠다. 그를 따라 빠른 회진을 도는 잠깐 사이 음식점을 가는데, 그가 내게 뭘 먹겠냐고 물은 적이 있었다. 예의상 괜찮다고 하니까 그는 내 말을 곧이곧대로 받아들이고 자기 혼자 사서 먹었다. 처음에는 그 태도가 차갑게 느껴졌지만, 시간이 흐르면서 그런 모습이 미국인들의 철저하고 정확한 태도라는 것을 알게 되었다. 그는 내게 진료할 기회를 주면서도 양해를 구했다.

"닥터 리와 같이 진료해도 되겠습니까?"

환자들에게 먼저 소개를 해주고 진료를 하게 했다. 대부분 수술만 보게 하고, 외래에 데려가지 않는 게 대부분인데 1년 내내 챙겨주는 매너가 인상 깊었다. 그는 나를 새벽부터 밤까지 데리고 다녔다. 자신의 모든 환자들을 볼 수 있게 해주었을 뿐 아니라 자신이 여는 모든 컨퍼런스까지 나를 참여하게 해주었다.

프라시카 교수는 존스홉킨스 본원 교수들 중에서 최고의 평가를 받는 사람이었다. 1년에 한 번 인턴과 레지던트들이 하는 교수 평가에서 제자들의 사랑을 한 몸에 받고 있었다.

'실력이 없는 사람도 저런 분 밑에서 배운다면 최고가 될 수 있겠구나!'

한 번은 그가 자기 집에서 제자들과 밤을 새워 스터디 그룹을 열었는데, 나를 소개해주며 강의 하나를 맡긴 적이 있었다. 거대 세포 종양에 대한 강의였다. 영어가 서툰 나를 세워주기 위해서 베푼 친절이었다.

새벽 4시까지 도미노피자 10판을 시켜 나눠먹으면서 제자들을 공부시키는 프라시카 교수의 열정은 내 기억 속에 잊지 못할 제자 사랑의 광경이 되었다. 그와의 만남은 내게 덤으로 주어진 은혜였다.

본래 내가 미국 유학을 꿈꾸었던 이유가 있었다. 그것은 인공관절 분야의 세계적인 두 거인이 미국에 있었기 때문이다. 한 명은 하버드 대학의 윌리엄 해리스 교수(William Harris, MD)이고, 또 다른 한 명은 존스홉킨스의 헝거포드 교수(David S. Hungerford, MD)였다.

나는 두 교수 모두에게 인공관절 분야의 학문을 반드시 배워야겠다고 생각했다. 그래서 박사 후 과정(post-doctoral Fellowships)은 존스홉킨스에서 헝거포드 박사에게 1년을 배우고, 하버드의 윌리엄 해리스 교수에게서 1년을 배울 계획이었다.

존스홉킨스를 찾은 첫 날, 나의 지도교수인 헝거포드 박사님을 찾아갔다. 그는 독일계 미국인으로 당시 인공관절 분야의 원조라 불리던 분으로 전 세계에서 널리 사용되고 있는 네 가지 인공관절 기구 가운데 하나를 디자인한 개발자이자 독창적 시술 방법을 만든 분이었다. 그 명성대로 환자들이 첫 수술뿐 아니라 재수술까지 받기 위해 몰려들었다.

한국인들을 다소 무시하고 그동안 연수를 온 외국인 교수들에게 수술 참여를 허락하지 않았던 그가 나를 제자로 받아준다는 것은 놀라운 일이었다. 사연을 알아보니 내가 그를 만나러 가기 얼마 전, 나의 선임 교환 교수가 헝거포드 교수에게 문제제기를 했다고 한다.

"나를 구경만 시킬 거면 왜 오라 했습니까?"

그가 불편한 마음으로 강력하게 문제제기를 했던 모양이었다. 그래서 헝거포드 교수는 수술에 한 번 참여를 시켰다고 한다. 그런데 막상 수술에 참여시켜 보니까 그 교수가 꽤 잘하는 것이었다. 그때부터 한국인 의사에 대한 생각이 바뀌었고 그다음에 도착한 나에게도 기회를 주었던 것이다.

"잘 오셨소. 닥터 리."

"서신으로 인사드렸던 이창우입니다. 잘 부탁드리겠습니다."

"손을 닦고 들어오시오."

의학계에서 '손을 닦고 들어오라'는 말은 의술을 전수해주겠다는 뜻이자 환자를 같이 돌보자는 의미를 담고 있었다.

나는 존스홉킨스 대학병원의 성인재건수술 및 무혈성괴사센터의 책임자였던 박사님의 도움으로 오전 7시부터 오후 5시까지 무릎관절 수술을 진행했다. 교수님은 여러 개의 수술실을 다니며 하루 평균 2시간씩 인공관절 수술을 여덟 건 정도 진행했는데, 펠로우(전임의사)들에게는 환자 무릎의 수술 부위를 열게 했다. 그리고 뼈를 자르는 중요한 수술부터 본인이 직접 했다. 재수술은 첫 번째 수술과 달리 4,5시간 이상 걸리는 고난도 수술이었다.

나는 그를 따라 지겨울 만큼 수술실에 들어갔다. 그런데도 그는 전혀 지치는 기색이 없었다. 수술하는 모습이 이 세상에서 가장 즐거운 사람처럼 보였다. 심지어 수술 도중 춤동작을 하기도 했다.

감염을 방지하기 위해 의사들은 우주복처럼 생긴 특수 수술복을 입고 인공관절을 삽입하는 복잡한 수술을 진행했다. 그 우주복은 배터리를 충전해서 쓰는 옷이었다. 처음에 그 옷을 입으면 상쾌하게 '쉭'하는 소리가 나면서 맑은 공기가 들어온다. 그리고 숨을 내쉬는 것은 수술 방 밖으로 빼어 내보낸다. 그 모든 기술과 공학들이 환자들을 대하는 첨단의 모습이었다. 그 시스템을 도입하여 우리 병원은 무균실과 특수 수술복 착용을 지금까지 계속해오고 있다.

장로이셨던 헝거포드 교수는 매일 오전 6시 15분만 되면 젊은이들을 모아 '성공하는 전공의들의 7가지 습관'이라는 자신이 만든 교재를 가지고 강의하시고, 신앙적인 대화를 나누셨다. 그렇게 6주 코스로 젊은 레지던트들의 태도와 소양을 가르치셨다. 그들은 미국 전역에서 모인 수재들로 모두가 의대를 A+의 성적으로 졸업한 명문가의 자녀들이었다. 이들은 관대한 성격에 남을 배려하는 기품이 몸에 배어 있었다. 나는 1년간 매번 새로운 레지던트들과 6주 코스를 빠짐없이 참여하였고, 교수님은 나의 그런 노력을 드러내지 않고 인정해주셨다.

아무것도 모르는 레지던트들도 세계 최고의 교수 밑에서 몇 달 훈련받으니 탁월해지는 느낌이 들었다. 학식은 물론이고 수술에도 능숙해져갔다. 1997년 1년간 나는 500여 차례 엉덩이와 무릎 관절 수술에 직접 참여하며 많은 것을 익힐 수 있었다.

게다가 어느새 영어에 익숙해졌다. 미국에 오는 것도 모르고 끌려

왔던 아이들은 불과 몇 달 만에 정확한 발음으로 대화가 가능해졌고, 아내와 내 발음을 고쳐주기까지 했다. 나는 8개월쯤 지나자 꿈에서 영어로 대화를 하더니 얼마 후에는 교수님과의 대화도 풍부해졌다.

정년 은퇴를 얼마 남기지 않은 헝거포드 교수는 알면 알수록 정이 많은 분이었다. 동양에서 온 우리 가족을 무척 신경 써주셨다.

"집으로 닥터 리를 초대하겠습니다. 가족들과 꼭 오세요."

어느 주말 나와 아내 그리고 두 아들은 들뜬 마음으로 교수님의 집으로 향했다. 대문까지 들어가는 데도 한참 걸리는 으리으리한 궁전 같은 집이었다. 자택에는 낚시가 가능한 연못과 테니스장이 있었고, 저 멀리에는 숲길도 나 있었다. 그도 그럴 것이 헝거포드 교수는 당시 미국 정형외과 교과서를 집필한 학자였고, 특히 하우메디카라는 업체가 생산하는 인공관절을 개발한 분이었다. 전 세계에 공급된 인공관절 기구에 대한 로열티 5퍼센트만 해도 천문학적인 금액이었다.

"어서 오세요. 닥터 리 잘 왔습니다."

교수님은 추수감사절과 크리스마스, 부활절마다 우리 가족을 초대해주었다. 식탁에 둘러앉아 손에 손을 잡고 나지막한 목소리로 기도해주시던 교수님의 모습이 아직도 선명하게 남아 있다.

헝거포드 교수의 모습은 내게 하나의 초상화가 되었다. 그를 통해 나는 학문에 대한 진지함과 환자들에 대한 성실함 그리고 제자들을 최고의 의사로 끌어올리는 실력과 친절한 태도 그리고 그 중심에 자리잡고 있는 흔들리지 않는 신앙을 배울 수 있었다. 그를 보며 나도 내 꿈을 견고히 하게 되었다.

'나도 교수님처럼 누군가에게 훌륭한 멘토이자 스승이 되고 싶다.'

하나님이 주신
기회

1998년 3월, 나는 존스홉킨스에서 피츠버그 의과대학의 박사 연구원으로 자리를 옮기게 되었다. 볼티모어에서 정확히 1년을 배우고, 다시 펜실베이니아주에 있는 피츠버그로 옮긴 것이다. 미국에서 이사를 한다는 것은 마치 나라를 바꾸는 것 같았다. 미국은 50개의 주가 우리나라의 '도'(道) 개념이 아니라 아예 법 자체가 바뀌는 나라의 개념에 가깝다. 면허증도 펜실베이니아의 것으로 바꿔야 할 정도다.

우리 가족은 U홀이라고 하는 달구지 같은 자동차에 이삿짐을 싣고 다섯 시간을 달려 피츠버그로 향했다.

'또 어떤 배움의 과정을 만나게 될까?'

가는 곳마다 예상치 못한 만남들과 배움을 경험했기에 새로운 곳에서 일어날 일에 큰 기대로 설레고 있었다. 우리가 도착한 곳은 피츠버그 북쪽 공원의 산동네에 있는 월세 565달러인 15평짜리 반지하 아파트였다. 독거노인들이나 외국계의 가난한 싱글들이 사는 곳이었다.

피츠버그는 전형적인 백인들의 도시였다. 피츠버그 식의 사투리가 나오면 "너 피츠버그 악센트구나"라고 했는데, 이 말은 백인으로서의 고집이나 자존심 같은 것을 인정해주는 관용구로 쓰일 정도였다.

아이들을 보낸 학교는 전형적인 백인 학교였다. 볼티모어는 흑인들이 많아서 유색인종의 차별이 없었지만, 피츠버그는 걱정이 되었다. 백인들밖에 없는 학교라 허름한 옷을 걸치고 다니는 황인들을 좋게 보아줄 것 같지 않았다.

그러나 그것은 기우였다. 이 학교는 아예 유색인종의 개념이 없이 모두가 백인이었기에 오히려 동양아이들을 신기한 대상으로 여기는 것이었다. 호기심 어린 눈으로 바라볼 뿐, 차별대우를 하지 않았다. 학교 밖에서는 유색인종에 대한 차별의 분위기가 있었지만, 학교에서만큼은 그런 일이 일어나지 않아서 다행이었다.

원래 계획은 피츠버그에서 1년간 있기로 되어 있었다. 그중에 6개월을 닥터 후(Freddie H. Fu, MD) 밑에서 배우기로 되어 있었다. 닥터 후는 중국계 미국인이었는데, 미국의 토박이인 교수를 제치고 피츠버그의대의 과장이 된 사람이었다.

피츠버그 의대의 과장을 뽑는 과정은 전쟁같이 치열했다. 그도 그럴 것이 그 과장 자리는 어마어마한 직급이었다. 닥터 후와 닥터 루바시(Harry E. Rubash, MD)라는 교수 둘이 과장 쟁탈전을 벌였다. 얼마나 치열했던지, 둘 중 한 명이 과장이 되면 다른 한 명은 나가야 되는 상황이었다. 쟁탈전의 결과는 닥터 후의 승리로 끝이 났다.

그렇게 되자, 나의 상황에도 변화가 생겼다. 나는 루바시 교수에게 6개월을 배우고, 후 교수에게 6개월을 배우기로 되어 있었는데, 피츠버그에 가보니 루바시 교수는 이미 하버드로 떠나고 없었다. 나는 닥터 후에게 요청했다.

"닥터 루바시에게 가겠습니다."

그러자 닥터 후 교수가 입을 쭈뼛거렸다. 갑자기 불안감이 엄습했다.

'이거 보이지 않는 암투에 내가 딱 걸려 들어간 거 아닌가? 지금 하버드로 갈 수도 없는 상황인데, 어렵게 되었구나!'

괜히 루바시 사람으로 인식되어 닥터 후가 학문적인 연구는 안 시켜줄 태세를 보인 것이다.

"닥터 리, 손 닦고 수술하러 들어오시오."

뾰루퉁한 닥터 후 교수가 내게 조금은 퉁명스런 말을 건넸다.

'아니, 이건 내 예상과 다르잖아! 내게 안 좋은 상황이 생길 줄 알았는데, 곧바로 수술이라니! 내가 원하던 일이 아닌가?'

보통은 6개월이 되어도 수술 방에서 구경하는 정도이고, 1년이 되어도 환자 손이나 닦아주는 정도인데, 나는 존스홉킨스 때처럼 첫날부터 수술실에 들어가게 된 것이었다.

아마도 닥터 후는 내가 장학금을 받은 처지니까, 그 몫을 다하라는 의미였을 것이다. 그런데 한 번 수술실에 들어간 이후, 어찌 된 일인지 나를 계속 수술 조수로 쓰는 것이었다. 사실 후 교수는 십자인대 재건술과 연골 재생술, 연골판 이식수술의 세계적인 권위자였다. 한국에서도 많이 시술하고 있는 십자인대 수술법을 개발한 사람이기도 했다. 매 학기마다 세계에서 수십 명의 교수들이 그의 수술을 참관하기 위해 다녀갈 정도였다. 그런 사람이 나를 조수로 써준 것은 대단한 영광이었다.

하지만 내가 정말 피츠버그에서 원했던 것은 따로 있었다. 피츠버그대학은 유전자 치료술의 세계적인 금자탑을 세운 학교이다. 나는 유전자 치료술을 연구하고 싶었다.

"연구에 들어가게 해주십시오."

"닥터 리는 어차피 6개월만 있다 하버드로 갈 건데 뭘 연구를 하겠다는 겁니까? 안 됩니다."

대답은 단호했다. 비집고 들어갈 틈이 안 보였다. 그래도 포기하기 싫어서 나는 연구실을 맴돌았다. 한 번은 혹시나 하는 마음으로 연구실을 찾아간 적이 있었다. 닥터 휴워드 박사가 나를 보더니 보고 싶은 것은 봐도 좋지만, 연구에 참여할 수는 없다고 선을 그었다. 닥터 후를 통해 얘기가 들어간 것이었다.

'수술도 좋지만, 이런 좋은 연구의 기회를 놓칠 수는 없는데, 어떻

게 하면 좋단 말인가?'

그런데 반전을 일으키는 착각이 일어났다. 같은 시기에 온 한국인 의사가 1년간 있기로 하면서 연구실에 들어가 있었는데, 그는 연구를 하기 싫어했다. 그래서 연구실에 잘 들어가지를 않았다. 그런데 그날 내가 거기 앉아 구경을 하고 있는데, 태국인 의사 차나롱 교수가 나를 그 연구에 끼워주는 것이었다. 생쥐의 종아리에 상처를 내고 유전자 변형된 세포를 주입하여 근육 회복의 상태를 측정하는 연구였다. 허락이 안 되는 걸 알고 있었지만, 연구가 너무 재미있어서 멈출 수가 없었다.

그런데 이 보고를 받은 닥터 후는 내가 아니라, 또 다른 한국인 의사가 연구하는 줄 착각한 것이다. 연구는 계속되었고, 닥터 후는 연구 결과를 받아보고 나서 그 착각을 깨닫게 되었다.

그제야 닥터 후가 나를 붙잡았다.

"닥터 리! 연구를 해도 좋습니다. 단 6개월만 더 있어주시오."

"안 됩니다. 저는 하버드에 가야 합니다. 닥터 루바시 교수랑 그렇게 약속이 되어 있습니다."

"그렇다면 내가 루바시 교수에게 전화를 걸어서 내 밑에 더 있으면서 연구를 하게 하겠다고 말하겠소."

그러고는 루바시 교수에게 직접 전화를 거는 것이었다.

"닥터 리는 이곳에 더 있어야 합니다. 6개월 있다가 보낼 테니까 그때 받아주십시오."

루바시 교수는 후 박사의 요구를 받아주었다.

닥터 후는 '유전자 치료술에 대한 논문'에 중요한 의미를 두고 있었다. 그 일에 내가 도움이 될 거라 판단하여 나를 남게 한 것이었다. 처음에는 내게 다소나마 감정을 가지고 있었지만, 이제 그 반감은 호의가 되어 돌아오고 있었다.

'유전자 치료술'에 관한 연구는 내게 세계학회에 나가 논문을 발표할 기회를 만들어주었다. 나는 미국 정형학회 연구 학회와 세계학회를 돌아다니며 논문을 발표하였다. 그리고 정형외과 연구학회인 SCI 저널에 논문이 등재되어 점수를 받기 시작했다. 거기에 논문이 실리면 한국에서는 교수가 될 수 있는 점수를 얻게 된다. 나는 그 일로 교수가 될 수 있는 기회를 얻게 되었다.

그런 과정에서 닥터 후는 내가 마음에 들었는지 늘 자신의 곁에 두려고 했다. 마치 그의 눈에 하나님께서 콩깍지를 씌워주신 것 같았다. 그는 나와 우리 가족에 대해서도 애정을 쏟아주기 시작했다. 그 애정은 상상 이상이었다. 매주마다 한 번에 100불이 넘는 미식축구, 야구 티켓들을 보내왔다. 펭귄스라는 아이스하키 팀이 피츠버그에 있었는데, 한 장에 180불이 넘는 티켓을 네 장씩 보내오기도 했다.

'밑바닥 삶에서 정상의 문화생활을 체험하게 되는구나!'

사실 미국 사람들은 돈이 있어도 잘 못 보는 게임들이었다. 스포츠뿐만이 아니었다. 미국 3대 발레단에 속하는 피츠버그 발레단이 하는 〈호두까기 인형〉, 〈백조의 호수〉 등의 공연도 볼 수 있었다.

펜실베이니아에는 피츠버그와 필라델피아가 양대 도시였는데, 피츠버그는 서부에서 가장 큰 철강도시였다. 그런데 철강 산업이 주춤하게 되면서 그 대안으로 교육 사업에 뛰어들게 되었다. 그 교육 사업의 중심에 피츠버그 대학이 있었고, 대학병원을 통해 경제를 살려내려고 하고 있었다. 미국은 미식축구, 야구, 아이스하키 같은 프로 스포츠가 엄청난 인기를 구가하고 있어서 스포츠의학에 대한 관심이 상당하다. 시에서는 피츠버그 의대의 정형외과를 통해 스포츠의학을 키웠는데 그 시도가 피츠버그 도시의 경제를 회복시키는 물꼬가 되어주었다. 내가 피츠버그에 갔을 때에는 닥터 후가 과장이 되어서 그 분야에 최고 높은 깃발을 꽂고 있었고 피츠버그를 스포츠의학의 메카로 만들어가고 있었던 것이다.

닥터 후의 선물 공세는 다양했다. 아이들에게 값비싼 레고를 선물로 주기도 하고, 리셉션 호텔을 빌려서 크리스마스 파티에 우리를 초대하기도 했다. 한 번은 피츠버그 발레단에서 하는 크리스마스 특별 행사에 우리를 초대했다. 미국 최상류층의 클럽 모임으로 멤버십을 가진 사람들만 들어가는 모임이었다.

그런데 닥터 후가 우리 가족에게 티켓을 주면서 초청을 해온 것이다. 나는 간신히 턱시도를 빌려 입고, 아내와 함께 그곳을 찾았다. 이브닝드레스를 차려입은 사람들이 칵테일 잔을 들고 이야기를 나누고 있었다. 벽에 붙어 있는 그림들도 몇 십억짜리들이었다. 세계적인 발레리나가 우리 테이블 바로 옆 플로어에서 발레를 하고 있었다. 우리는 놀라서 입이 떡 벌어지고 말았다. 그곳은 한 마디로 말로만 듣던 별천지였다. 이후 한국에서도 한 번도 본 적이 없는 체험이었다.

'우리가 얻으려고 하면 절대로 볼 수 없는 세계인데, 하나님께서는 닥터 후를 통해 이런 세계를 보여주시는구나!'

우리 가족은 피츠버그에서 이 땅에서 겪을 수 있는 가장 호화스러운 생활, 일생 동안 느껴보지 못할 세계를 미리 보게 되었다. 그러나 우리는 그 세계에 흥분되지 않았다. 그런 세계를 볼수록 마음이 차분해졌다. 마치 하나님께서 이렇게 말씀하시는 것 같았다.

'힘든 곳에 살더라도 지금 생활에 만족해라. 나는 앞으로 너희들에게 이런 세계를 허락하지 않을 것이다. 너희들의 노력으로는 그 세계에 갈 수 없으니 지금 받은 은혜에 만족하라.'

나는 감사하지 않을 수 없었다.

'우리 인생에 다시 있지 않을 일들을 보여주시니 감사합니다. 사도 바울처럼 부한 데도 처할 줄 알고, 가난한 데도 처할 줄 아는 가정이 되게 해주옵소서. 그 어떤 상황에도 자족할 줄 아는 가정이 되게 해주옵소서!'

나는 2년 동안 닥터 후의 사랑과 친절 속에서 하루에 열세 건 정도의 수술에 계속 참여할 수 있었다. 십자인대 재건술과 연골 재생술, 연골판 이식수술을 총 2,000회 정도 진행했다. 세계 정상급 명의와 함께 호흡을 맞추다 보니 확실히 의술의 지평이 넓어졌다.

미국 유학을 그토록 꿈꾸셨지만, 부모님과 형제들을 돌보아야 했기에, 실행에 옮기지 못하셨던 아버지는 늘 이런 충고를 하셨다.

"하나도 쓰지 못할 게 없더라. 배울 수 있는 것은 모두 배우고 오너라."

아버지 말씀대로 존스홉킨스 대학병원과 피츠버그 대학병원에 있으면서 골관절종양학과 줄기세포 연구에도 동참했다. 골관절종양학은 프라시카 교수, 줄기세포 연구는 휴어드 박사의 도움을 받았다. 지금 생각해보면 전공과목과 동떨어진 학문이었지만 환자를 이해하고 치료하는 데 적지 않은 통찰력을 준 자양분과 같은 시간이었다.

피츠버그 의대에 머무르는 기간이 2년에 가까워지면서 자연히 하버드 의대의 객원 연구원 기간이 줄어들었다. 나는 1999년 9월부터 2개월간 매사추세츠 제너럴병원 정형외과에서 객원 연구원 생활을 하게 되었다. 드디어 하버드에 가게 된 것이다. 내가 그토록 배워보고 싶었던 또 다른 한 분, 윌리엄 해리스를 볼 수 있게 된 것이다.

윌리엄 해리스(William Harris, MD)는 인공관절의 세계적인 학자로 인공 고관절을 개발한 사람이다. 인공관절 분야의 논문을 쓸 때면 어느 누구도 그의 이름을 빼놓을 수 없을 정도로 독보적인 인물이었다. 원래 해리스 교수는 한국 제자로부터 마음의 상처를 입고 나서 한국인 제자 받기를 싫어해서 나를 받지 않으려고 했다. 그런데 그 분의 제자인 루바시 교수가 나를 받아들였기 때문에 함께하게 되었다.

한국으로 돌아가기 전, 하버드에서의 배움은 그야말로 덤으로 주어진 은혜였다. 해리스 교수의 수술을 보는 것만으로도 영광이었다. 그는 생각지도 못했던 남다른 창의성을 가지고 있었다. 가장 놀라웠던 것은 70세인데, 자신이 30대에 수술했던 사람들의 엑스레이를 다 보관하고 있는 것이었다. 늙어가는 환자들의 몸의 과거를 모두 자료화해놓은 것이다. 그의 조수 역시 노련한 50대 후반의 여사로 그와 함께 평생을 일하면서 모든 자료들을 보관하고 있었다.

환자가 오면 옛날 자료를 찾아와서 비교하면서 몸이 어떻게 달라졌는지, 왜 달라졌는지를 정확하게 찾아내는 것이었다. 세계의 어느 누구도 흉내 낼 수 없는 데이터 베이스였다. 그 어떤 대학병원에서도 이런 경우는 볼 수 없었다. 참으로 감격스런 장면이었다.

'세상에 이런 의사도 있단 말인가? 이런 귀한 모습을 보고도 한국에 돌아가면 잊어버리겠지? 그래선 안 돼. 의사로서 극점을 찍고 있는 저 정신을 내 가슴속에 각인시키고 돌아가야 해.'

하버드에서 보낸 시간은 짧았지만, 그곳에서 본 닥터 해리스의 모습은 영원할 것 같았다. 한국으로 돌아가야 할 시간이 다가오고 있었다. 조금 더 머물고 싶었지만 하나님의 계획은 거기까지였다.

'하나님, 아직 배움의 과정이 많이 남아 있음을 알았습니다. 지금 비록 돌아가지만, 이곳에서 보았던 모든 것들을 제 세포에 새겨주세요. 그리고 환자들을 만나는 과정 속에서 하나하나 되살아나게 해주세요.'

한국으로 돌아가기 전 아내와 나는 아이들과 함께 손을 붙잡고 감사의 기도를 드렸다.

'하나님, 미국 땅에서 많은 것을 배울 수 있게 해주셔서 감사합니다. 학문적인 길을 보여주시고 훌륭한 스승들을 만나게 해주셔서 감사합니다. 일생 동안 겪어보지 못할 세계를 경험하게 하시고 어떤 삶에도 자족할 수 있는 마음을 주시니 감사합니다. 우리 인생이 우리 마음대로 되는 것이 아니라, 하나님의 손에 있음을 알게 하시니 감사합니다. 이제 하나님께 서원한 대로 우리 부부가 한국에 돌아가면 선교에 헌신하겠습니다.'

> 야곱의 하나님을 자기의 도움으로 삼으며 여호와 자기 하나님에게 자기의 소망을 두는 자는 복이 있도다 시 146:5

이 말씀처럼 하나님은 최선의 때에 최고의 사랑을 통해 우리 가족을 선한 길로 인도해주셨다. 우리 네 식구는 1999년 12월 31일 오후 10시에 꿈에도 그리던 고국 땅에 도착했다.

어떤 사람은 이렇게 물었다.

"강남 한복판에서 병원 간 별들의 전쟁이 벌어지는 판에 미국 명문 의대 연수 사실을 왜 적극적으로 홍보하지 않습니까?"

나는 지금도 내 실력으로 미국 연수를 다녀왔다고 생각하지 않는다. 그 길을 열어주신 분은 하나님이셨고, 그렇게 좋은 기회를 주신 것도 분명 '평생 여호와 하나님을 잊지 말라'는 주님의 뜻이었다. 그러므로 주님 앞에서 좀 더 깊이 생각하고 움직이게 된다.

'하나님! 제게 주신 모든 은혜가 오직 하나님의 영광이 되기를 원하나이다!'

하나님의
선교

1999년 12월 31일 밤 10시, 밀레니엄을 두 시간 앞두고 우리 가족은 미국에서 한국으로 돌아왔다. 미국에서 떠나기 전날 우리 부부는 두 아들과 함께 가정 예배를 드리면서 기도를 드렸다.

'하나님, 한국에 돌아가면 교수가 되지 않겠습니다. 하나님께 서원한 대로 의료선교를 하겠습니다. 주님께서 저희를 위해서 고난과 수치를 당하셨듯이 우리도 주님과 같은 삶을 감당할 수 있기를 원합니다. 우리의 앞길을 인도해주옵소서!'

공항에 도착하던 20세기의 마지막 밤, 한국은 밀레니엄에 대한 기대와 혼돈이 공존하고 있었다. 그러나 내 두 주먹은 혼돈이 아니라 새 천년에 대한 비전과 소망을 움켜쥐고 있었다.

'이제 시작이다. 주님! 뒤돌아보지 않겠습니다. 선교의 길을 열어

주시옵소서!'

하지만 막상 현실과 맞닥뜨리자 무엇부터 시작해야 할지 감이 잡히지 않았다. 문제의 핵심은 재정이었다. 병원을 위한 재정의 문이 열리지 않았다. 우리가 돈을 모아서 한국으로 돌아온 것도 아니었고, 사실 우리는 1988년에 결혼한 이후 지금까지 마이너스 통장을 벗어나본 일이 없다. 선교와 헌금으로 다 드렸기 때문이다.

나는 돌아와서 전에 일하던 충북 제천서울병원에서 근무를 시작했다. 그러면서 선교 병원을 설립할 수 있는 물꼬를 준비하고 있었다.

그러던 어느 날 서울에서 전화가 한 통 걸려왔다.

"이창우 선생 잘 지내고 있었는가?"

한양대 의대 정형외과 과장님이었다.

"유학을 다녀왔으니 이제 학교를 위해 일해야 하지 않겠나?"

"교수님, 어떻게 아시고 전화를 주셨습니까? 감사합니다. 덕분에 잘 다녀왔습니다."

"모교의 교수 자리가 쉽게 나는 게 아닌 건 자네도 알지? 정형외과 교수님들이 모여서 의논을 했는데, 자네를 교수로 선발하자고 만장일치로 결정이 났다네. 이제 학교로 들어오게."

지금도 그렇겠지만 한양대 의대 교수직은 하고 싶다고 해서 할 수 있는 게 아니다. 자리도 드물게 날 뿐더러 외국대학 교환교수 프로그램 이수자, 타 의과대 교수만 지원할 수 있었다. 국제적인 논문은 기본이고 무엇보다 교수 전원 만장일치 동의를 얻어야만 했다. 그런 어려운 자리를 내게 내어준다는 것은 영광스럽고 감사한 일이었다. 하지만 이미 아내와 나는 한국으로 들어오기 전, 혹시나 이런 일이 있을지도 모른다는 예상을 하고 있었다.

"우리 흔들리지 말자. 혹시라도 교수직 제의가 들어와도 그 자리를 탐내지 말자. 우리가 가진 물질과 시간, 인력을 총동원해서 선교를 하자."

아내와 나는 그렇게 맹세하며 기도했다.

"교수님, 정말 무례하고 죄송한 말씀인 줄 압니다. 그렇지만 제가 조만간 선교 병원을 세워야 하기 때문에 어려울 것 같습니다. 정말 죄송합니다."

잠시라도 망설였다가는 내 안에 잠재되어 있는 또 다른 열망이 고개를 내밀지도 몰랐다.

"아니, 자네 지금 의대 교수직을 거부하겠다는 말인가?"

"예, 교수님, 그렇습니다. 죄송합니다."

그런 제의에는 며칠간 고민할 시간을 달라고 말씀드리는 것이 예의였다. 그러나 그때는 그렇게 말씀드릴 수밖에 없었다. 교수직에 대한 열망이 아주 없었던 게 아니기 때문이다.

무릎관절 수술의 세계적인 권위자인 헝거포드 교수님과 십자인대 수술의 세계적인 거장 후 교수님 밑에서 배우면서 나도 후학을 길러내고 싶다는 마음이 들었던 것도 사실이다. 그 길을 간다 해도 선교를 하지 못하는 것도 아니었고 서원한 결단을 폐기처분하는 자리도 아니었다. 하지만 그런 마음들은 내게 있어 현실과 명예를 추구하는 열망이 만들어내는 구실일 뿐이었다. 나는 마음을 굳게 먹으면서 교수직에 대한 꿈은 애초에 싹을 잘라내었다.

'대학교에 들어가게 되면 학교 일정대로 움직여야 할 거고, 연구에 집중해야 할 거야. 그럼 선교하는 일은 뒷전이 되기 쉬워.'

다행히도 큰 관심과 배려를 베풀어주신 교수님들은 호의를 고사한 배은망덕한 제자의 진심을 이해해주시고 격려해주셨다.

나는 선교 병원을 존스홉킨스대 메이오클리닉처럼 세계적인 인공관절 전문병원으로 만들고 싶었다. 그러나 그건 말 그대로 꿈일 뿐이지, 준비된 것이 아무것도 없었다. 가진 것이라곤 40년간 살아오는 동안 하나님께서 나를 만지시고 빚어내신 연단 하나뿐이었다.

그러나 현실적인 재정의 벽은 그 이력을 인정해주지 않았다. 지금도 병원 설립 비용이 어떻게 모이게 되었는지 신비롭기만 하다. 제천에서 1년 넘게 일을 했지만, 번 돈은 모두 생활비와 미국에서 진 빚을 갚는 데 사용했다. 그래도 나와 아내는 제천과 서울을 오가며 병원 자리를 찾아다녔다. 우리는 주로 서울 외곽지역을 살펴보았고 서울 도심은 꿈도 꾸지 못했다. 병원을 차릴 만한 넓은 공간을 가진 빌딩을 찾기도 힘들 뿐더러, 그런 공간이 있다 해도 상상할 수도 없는 비용이었기 때문이다. 강북 지역과 남양주 일대를 돌아다녔지만 마음에 들어오는 곳이 없었다.

그러던 어느 날, 우리의 사정을 알고 함께 기도해주시던 장로님을 통해 한 곳을 소개받았다. 서울 역삼역 근처인 오피스텔이었다. 그분이 차를 타고 지나가시다가 급매물이라는 현수막을 보고 우리에게 연락을 하신 것이었다. 그 오피스텔은 통신회사 사무실이었다. 실평수만 240평이었는데 아무 벽도 치지 않고, 파티션만 만들어놓고 일을 하던 곳이었다.

"여기다. 바로 이곳이야!"

장인어른이 확신에 찬 어조로 말씀하셨다.

나중에 안 사실이지만 그 당시 강남 쪽에는 정형외과를 세우는 일이 흔치 않았다. 가끔 몇 백억을 담합으로 모아서 정형외과가 들어오는 일도 있었지만 강남 한복판에선 정형외과가 유지되기 힘들다는 인식이 의사들에게 있었다. 그러나 우리 부부에겐 그런 상식과 개념이 없었다. 우리는 모르고서 일을 벌이기 시작했다.

필요한 금액은 5,6억 정도였다. 그 정도 액수를 준비할 수만 있다면 전세와 월세를 끼고 오픈은 할 수 있을 것 같았다. 그런데 장인어른이 전세보다는 건물을 사는 것이 어떻겠냐고 하시는 것이 아닌가.

그건 불가능한 일이었다. 적어도 20억 이상의 막대한 자금이 필요했기 때문이다. 한 푼도 없이 시작하는 일인데, 어떻게 20억을 준비할 수 있단 말인가?

무식하면 용감하다고 했던가! 무일푼으로 20억 넘는 돈을 은행에서 대출받는다는 것이 얼마나 힘든 일인지, 우리는 정말 아무것도 몰랐다.

아내와 나는 은행을 찾아갔다.

"돈이 많이 필요합니다. 얼마까지 대출해주실 수 있습니까?"

"어느 정도 필요하십니까?"

"최소 20억 이상이 필요합니다."

"담보할 만한 것은 있습니까?"

"없습니다. 그 오피스텔을 사면 그걸로 담보할 겁니다."

"그렇군요. 그건 심사해보고 결정할 일입니다. 심사하는 담당자가 가서 보고 결정을 해줄 겁니다."

대출을 결정하는 심사위원은 친절해보였다. 그러나 호락호락해 보이지는 않았다.

"저는 한양대 의대를 나왔고, 미국 존스홉킨스대와 하버드에서 인공관절을 공부하고 왔습니다. 앞으로는 한국도 미국처럼 노인들을 위한 인공관절 수술이 많아질 것입니다. 비록 강남이지만 분명 많은 어르신들이 이곳을 찾아올 것입니다."

심사위원은 나의 말을 경청하는 듯 보였다. 그때 내 입에서 하지 않아도 될 말이 튀어나가고 있었다.

"사실 저의 꿈은 선교 병원을 세우는 것입니다. 이곳에 병원을 세울 수 있다면 기도실도 만들고 힘들고 어려운 분들을 돕고 싶습니다. 그리고 수익이 나면 그 돈으로 해외에 선교 병원을 세워서 어려운 나라 사람들을 돕고 싶습니다."

보통 은행에서 대출을 해줄 때 보는 조건은 간단하다. '빌린 돈을 갚을 수 있는가'이다. 분명히 그 심사위원이 본 것도 그 돈을 빌려줬을 때 병원이 망하지 않고 갚아줄 수 있는지의 여부였을 것이다.

나는 어차피 힘든 일, 비전이라도 시원하게 말해보자는 심정이었다. 결과는 하나님께 맡길 뿐이었다. 그런데 기적이 일어났다. 아무런 신용도 없고 거래조차 없는 우리에게 20억이나 되는 엄청난 비용을 대출해주겠다는 것이었다.

그렇게 해서 서울 역삼역 근처에 병원이 설립되었다. 공사도 한 달만에 끝났다. 일사천리였다. 병원 이름은 장모님이 기도하시면서 '선한목자'가 어떻겠냐고 제안하셨다. 지금이야 선한목자라는 이름을 사용하는 교회와 병원이 많이 생겨서 평범해졌지만 그 당시에는 아무도 사용하지 않는 이름이었다. 우리는 목자 되신 예수님을 따르는 병원이 되고자 그 이름을 채택했다. 병원 마크에도 양을 돌보는 목자 예수님의 모습을 넣었다.

병원에서 제일 신경 쓴 곳은 기도실과 수술실이었다. 기도실은 하나님이 계신 처소였고, 수술실은 병원의 기관실과도 같은 곳이었기 때문이다. 고민 끝에 병원 한가운데에 2평짜리 기도실을 만들고 십자가와 강대상 의자를 설치했다.

수술실은 시공할 때 라미나 플로우시스템(Laminar flow system, 무균 양압실)을 도입하여 무균 상태를 유지하도록 했다. 당시 한국에는 미국 존스홉킨스대 같은 무균 수술실을 갖춘 곳이 없었다. 수소문 끝에 미 8군 병원이 운영한다는 사실을 알아내 벤치마킹을 했다.

29개의 병상도 갖추었다. 그리고 드디어 2001년 11월 26일 개원예배를 드리고 진료를 시작했다.

지금 생각해도 실감이 나지 않는다. 선한목자병원은 전적으로 하나님께서 열어주신 축복이었다. 내 욕망을 부추기는 길을 포기하고, 하나님 앞에 서원했던 그 길을 가려 했을 뿐인데, 하나님께서는 내가 상상치도 못할 과정으로 인도해주셨다. 그때 일을 회상하며 깊이 깨달은 것이 있다.

'하나님의 일은 하나님께서 이루어가신다.'

내가 나의 길을 가려 했다면, 내가 그 일을 이루려 했을 것이고, 방법과 수단까지 내가 결정했을 것이다. 그럼 내가 투자하고 노력한 만큼의 결실을 거두는 정도가 최선이었을 것이다. 그러나 만일 그랬다면 이렇게 신비롭고 기적적인 일들은 열리지 않았을 것이다. 내가 나의 길을 내려놓고, 하나님의 길을 가려 했기에 하나님께서 하나님의 방법으로 새로운 길을 열어주신 것이리라!

'Missio Dei'(하나님의 선교).

나는 이 말을 믿는다. 선교의 주체는 하나님이시다! 선교는 내가 하는 것이 아니라 하나님께서 하신다. 하나님이 하시는 일에, 그분의 손이 되어줄 사람들은 얼마든지 있을 것이다. 그 수많은 손들 사이에서 내가 기회를 얻은 것이 얼마나 행복하고 감사한지 모른다.

"주의 길을 가려는 사람들에게 하나님은 주인이 되어주신다. 그 역사를 친히 펼쳐주신다."

이 고백이 나의 고백이요, 앞으로 펼쳐질 수많은 난관을 돌파해가
는 내 간증이 될 것이다.

병원이 곧
교회

이삭이 그랄에서 브엘세바에 이르렀을 때, 그는 가장 먼저 제단을 쌓았다. 그리고 거기에서 여호와의 이름을 부르고 장막을 세우고, 우물을 팠다(창 26장). 시간의 우선순위의 문제에서 아브라함, 이삭, 야곱은 늘 예배를 우선으로 했다. 선한목자병원도 예배와 기도의 제단이 우선으로 세워진 병원이기를 바랐다. 병원은 2001년 10월 25일에 시작되었고, 개원 예배는 11월 26일에 드렸다. 하지만 우리는 9월부터 미리 뽑은 직원 열두 명과 함께 병원 공사가 진행되는 동안, 병원 옆 패스트푸드점 2층에 모여 매일 예배를 드리고 기도회를 가졌다. 병원 직원들에게 미리 월급을 주고 기도하면서 비전을 공유했다.

"매일 같이 예배를 드립시다. 우리 병원은 선교하는 병원이 될 것입니다."

전 직원이 예배와 기도 속에 한마음이 되어가는 걸 볼 수 있었다. 어떤 직원은 병원을 위해 산기도를 갈 만큼 열정적이었다. 나는 병원을 지어가는 한 달간, 직원들의 정신과 신앙을 지어간다고 믿었다.

"여러분, 우리가 선교 병원을 시작하는 식구들이 되었습니다. 지금은 비록 선한목자의원으로 시작하지만, 곧 '의원'에서 '병원'이 될 것입니다. 저는 여러분과 함께 선한목자의 길을 걸어갈 수 있어서 기쁩니다. 주님께서 우리와 동행하실 것입니다. 저는 여러분과 함께 두 가지만 결단하고 싶습니다. 우리 병원은 하나님께 예배드리는 병원으로 가야 합니다. 그리고 세계 선교를 향한 병원으로 가야 합니다. 병원을 시작하더라도 매일 아침 예배를 드리고 시작합시다. 그리고 기도실도 만들 겁니다. 기도하는 병원, 기도하는 직원들이 되어주시기 바랍니다."

예배를 드리는 한 달간, 영적인 교육 이외에도 미국에서 배웠던 대학병원들의 네트워크를 보여주면서, 환자들에게 왜 마음이 담긴 친절과 사랑을 보여주어야 하는지를 설명해주었다.

"환자를 단지 환자로 대해선 안 됩니다. 그 분들은 환자이기 이전에 하나님의 형상이 담긴 소중한 존재들입니다. 우리가 그 분들을 치유하는 것이 아닙니다. 그 분들의 몸과 마음속에 이미 하나님의 치유의 원리가 들어 있습니다. 우리는 그 창조와 치유의 원리가 막힘 없이 작동할 수 있도록 돕는 사람들일 뿐입니다. 우리가 그 분들을 진정으로 사랑하고, 친절하게 대할 때 그 몸속에 깃든 하나님의 생명력이 살아나는 것입니다. 그런 면에서 우리는 환자들을 통해서 배우기도 하는 것입니다. 그래서 겸손해야 하는 것입니다."

10월 25일 진료를 시작하면서, 우리의 결단은 이어졌다. 매일 아침 8시 30분에 모여 25분간 예배를 드리고, 9시부터 진료를 시작했다. 그러자 직원들이 한마음으로 모아져 공동체 의식을 가지고 일사불란하게 움직일 수 있었다. 문제는 주일에 환자들이 예배를 못 드리는 것이었다. 그래서 광림교회의 예배를 비디오로 틀어주면서 예배를 드렸는데, 입원하고 있던 온누리 교회의 권사가 정식 예배를 제안해왔다.

"왜 비디오 예배를 드립니까? 제가 우리 교회 목사님께 부탁해서 이곳에서 예배를 드릴 수 있게 해보겠습니다."

얼마 후 주일에 온누리교회의 목사님과 성도들 스물다섯 명이 찾아오는 것이었다. 환자들 수는 얼마 되지도 않았는데, 예배를 드리는 성도들은 병원 로비를 가득 채울 정도였다. 환자의 수도 얼마 없고, 아직 병원이 알려지지도 않은 상황에서 영적인 부흥이 먼저 일어나게 된 것이다. 매일 아침 찬송과 기도 소리가 울리고, 주일이 되면 병원 가득 성도들의 찬양과 기쁨이 넘쳐났다. 마치 '선한목자병원'이 아니라 '선한목자 교회' 같았다.

우리는 이스라엘이 언약궤를 성막 중앙에 넣어둔 것처럼, 우리 병원 한가운데 지성소와 같은 예배당을 놓고 싶었다. 그래서 아예 병원을 공사할 때부터, 중앙에 따로 2.2평 정도 공간을 확보해놓았다. 하지만 건물 리모델링이나 직원들이 바뀔 때마다 늘 나오는 의견이 있었다.

"강남 땅 한 평이 얼마인데 비워놓습니까? 수술실이나 내시경실을 만드는 게 어떨까요?"

하지만 나는 그럴 생각이 없다. 기도실은 선한목자병원의 심장이요, 지성소이기 때문이다. 하나님의 보호하심과 치유가 펼쳐지는 보좌이기 때문이다. 이곳은 24시간 열려 있다. 직원들뿐 아니라 오고 가는 수많은 환자들이 이용하고 있다. 혼자 앉아서 예배하고 찬송하는 환자들도 있고, 자기들끼리 삼삼오오 모여 예배하고 기도하기도 한다. 그곳에 노트를 한 권 두고 기도제목을 쓸 수 있게 했다. 그러면 누군가 그 기도제목을 보고 중보한 다음 기록을 남기곤 했다. 기도가 응답된 사람은 감사의 답문을 써놓기도 했다. 이렇게 기도하다가 하나님을 체험하고, 기도의 신비를 경험하기도 한다.

2004년 '선한목자의원'은 '선한목자병원'으로 바뀌는 과정을 추진했다. 내심 따져보면 의원에서 병원으로 가는 것이 좋은 것만은 아니었다.

사실 의원과 병원의 차이는 환자의 침대 수에 지나지 않는다. 29개까지는 의원이고, 30개를 넘어가면 병원이 된다. 대부분 의사들은 의원으로 남으려고 하지 병원으로 가려 하지 않는다. 환자의 부담금이 많기 때문이다. 의원에 가면 환자 부담금은 1,500원이고 병원에 가면 3,500원이다. 그러니 자연스레 병원보다는 의원을 찾는 환자들이 많다. 게다가 의원에서 병원으로 가기 위해서는 안전 비상계단, 구급차와 방어시설이 되어 있어야 한다. 용도 변경도 쉽지 않고 병원급은 통제도 까다로운 것이 사실이다.

그런 어려운 과정을 추진하고 있을 때 더 어려운 문제가 터지고 말았다. 2001년 선한목자병원이 개원을 하고 참으로 많은 간호사들이 일을 했다. 그 가운데 병원에 적응을 하지 못하고 간호사들이 떠나는 일이 몇 차례 있었다. 이유는 병원이 선교에 치중하느라 직원들을 너무 혹사시킨다는 것이었다.

"월급이 적다. 간호사들을 더 뽑아야 한다. 이곳은 의원인데 대학병원 같은 수술만 하니까 감당하기 힘들다."

의원에서 병원으로 바뀌는 중요한 시점에서 또 한 번 직원들이 문제를 제기하고 나왔다. 이어 집단 사퇴가 이어졌다. 우리 부부는 고독감과 허탈감에 잠겼다.

'이제 곧 병원으로 올라가고 해외선교에 박차를 가하려는 시점에 이런 브레이크가 걸리나? 선교의 길을 함께 가자고 굳게 맹세하고 예배하고 기도하며 끌어온 조직인데, 이렇게 허무하게 쓰러지는 것인가?'

사람들이 야속하고 배반감도 들었다. 위기의 순간이었다. 그러나 그때 선교적인 비전을 가지고 의리를 지켜준 간호사들이 있었다. 송영란, 원혜정, 전지혜 그리고 이은정이었다. 이 네 명이 병원이 가장 어려운 때 남들이 하기 힘든 일을 하면서 저녁 시간과 밤샘까지 하며 헌신을 아끼지 않았다. 특히 이은정 간호사는 마음을 돌이켜 병원에 남기로 한 사람이었다. 분위기가 어렵고 남들도 다 나가려 하니까 본인도 나가겠다는 마음을 굳혔다고 한다. 그러던 어느 날 밤 이 간호사가 나를 찾아왔다. 나는 속으로 체념하고 있었다.

'떠나려는 모양이구나! 그래, 떠나려면 떠나라.'

그런데 뜻밖의 말이 들려왔다.

"원장님! 저도 떠나려고 했어요. 그런데 기도했더니 하나님께서 '너까지 그러면 안 된다. 너는 병원을 지켜라. 이 병원은 하나님께서 운영하는 병원이다'라고 하셔서 남기로 했어요. 하나님 말씀이니 순종해서 정말 열심히 일할게요."

이 말은 사람의 말이 아니라 하나님께서 내게 주시는 위로이자 소망의 말씀으로 다가왔다. 내 속에선 울음이 터지고 말았다.

"고맙습니다. 이 선생! 정말 고마워요."

그 후 네 사람의 헌신 덕에 선한목자의원이 선한목자병원이 되고, 더 힘차게 일어설 수 있었다. 게다가 선교적인 마인드를 가진 새로운 일꾼들로 재무장될 수 있었다.

나는 그 네 사람이 성경에서 말하는 '남은 자'로 여겨졌다. 이후 네 사람은 지금까지 병원이 가장 힘들고 어려운 고비를 넘어갈 때마다 함께해주었다. 그들은 단순한 직장 동료가 아니라 하나님나라를 이루어가는 일에 함께 나아가는 믿음의 동역자들이다.

그 후 이은정 실장은 병원 안에서 만난 원치현 선생과 결혼했다.

결혼을 앞둔 어느 날, 또 한 번 그들이 나를 찾아왔다.

"원장님, 저희가 선교하려고 합니다. 미얀마에 지원하겠습니다."

결혼식 주례를 맡은 내 마음속에선 두 사람에 대한 한없는 애정과 감사가 넘쳐나고 있었다. 나는 주례사에서 그들을 마음껏 축복하며 말했다.

"하나님께서 귀하게 생각하시는 사람들입니다. 이 두 사람은 결혼을 하고 미얀마로 선교하러 떠날 겁니다. 힘들고 고된 길을 마다하지 않고 자원한 아름다운 부부입니다. 이 땅에서 태어나서 가장 아름다운 선택을 해서 둘은 결혼하게 되었고, 선교지로 나가게 되었습니다. 세상이 기억하지 못해도 하나님께서 아시고 두 사람을 축복해주실 것입니다. 두 사람은 우리 선한목자병원의 너무 소중한 재산입니다."

그들은 결혼 후 바로 미얀마로 떠났다. 선한목자병원에서 추진하는 미얀마에 병원을 세워 의학을 교류하는 선교 계획에 이 부부가 앞장서준 것이다. 이 부부는 미얀마에서 지금까지 힘들고 고된 일들을 신실하고 아름답게 감당해내고 있다.

나는 우리 병원이 전인적인 병원이 되기를 소망한다. 전인성이란 몸과 마음과 영혼의 균형이다. 한 사람의 전인성을 여는 열쇠가 영성이다. 인간은 흙으로 지음받았고, 하나님이 숨결을 불어넣으신 존재가 되었을 때 비로소 생명이 되었다. 그렇다면 생명은 하나님의 호흡이라는 이야기가 아닐까?

우리 병원이 예배의 제단을 쌓고, 성경공부를 하며, 선교의 비전을 바라보며 하나님의 숨결이 가득한 곳이 되길 소원한다. 영성이 활기차게 넘쳐흘러 생명을 강하게 하는 병원! 이것이 우리가 꿈꾸는 선한 목자병원이다.

세상은
이해할 수 없는 일

선교는 하나님의 명령이고 그리스도인의 마땅한 사명이지만, 그 길이 평탄하지는 않다. 해외에 정기적으로 고액의 달러를 갖고 나간다는 이유로 세무조사를 받기도 하고, 라오스 병원의 경우 정부 관료들이 돈을 요구해 어쩔 수 없이 철수하기도 했다.

수십 차례 해외 의료선교를 다니면서 곤혹스러운 것 중 하나가 인천공항 입국심사였다. 현지 의료선교를 마치고 남은 소독약품과 수액이 들어 있는 큼지막한 가방을 찾을 때면 가끔 멜로디가 나오는 노란색 자물통이 붙어 있었다. 그게 붙어 있는 날이면 어김없이 우리는 피곤한 몸을 이끌고 검색대로 가서 모든 짐을 풀어놓아야 했다. 2007년 라오스 비엔티안에서 선교활동을 하고 돌아왔을 때의 일이다.

"선생님 짐을 풀어주십시오. 아니, 웬 약을 이렇게 많이 갖고 다니십니까? 보따리 장사라도 하십니까?"

"저희는 의료선교를 다니는 사람들입니다. 하나님의 사랑으로 후진국의 환자들을 무료로 돌보고 있습니다. 명품 가방이나 골프백을 들고 오는 사람들도 많은데 굳이 우리 같은 봉사자들을 들어올 때마다 검색대로 부르니 마음이 불편하네요."

"죄송합니다. 규정상 어쩔 수 없습니다. 이해해주십시오."

우리 여권은 라오스, 파키스탄, 네팔 출입국 도장으로 도배되어 있으니 유명 관광지도 아닌 곳에 약품을 갖고 수십 차례 다녀온 우리를 의심하는 것도 무리가 아니었다.

2007년 6월에는 세무조사를 받았다. 병원마다 한 번쯤은 세무조사를 받는데, 탈루 혐의로 보통 3~5억의 추징금을 물기 일쑤였다. 종소형 병원이 한 번 세무조사에 잘못 걸리면 아예 문을 닫는 경우가 많았다. 우리 병원의 경우 신정이나 구정, 추석을 끼고 일 년에 네 차례 이상 동남아시아를 돌아다니니 세무서에서 의심할 만했다. 병원 규모에 비해 현금 보유액이 턱없이 적은 것이나 잦은 해외 방문과 함께 다른 병원에 비해 수익률이 낮은 것도 이유가 됐다. 나는 투명하게 기록해온 모든 장부를 내놓았다. 십의 일조를 넘어 십의 삼, 사조 이상 드리는 헌금 명세서도 내놓았다. 완벽한 자료 앞에 세무서 직원들은 고개를 절레절레 흔들었다.

'하나님 앞에서 할 수 있는 한 최선을 다해야 한다.'

이것이 우리의 신조였다. 선교비와 헌금을 드리고 나면 수중에 남는 게 없다시피 했다.

"도대체 수익을 모으지 않는 이유가 뭡니까? 직원들을 동원해 외국 방문까지 하면서 그곳에 막대한 비용을 투입하는 진짜 이유가 무엇입니까?"

"저는 어려서부터 하나님의 일을 하기로 약속한 사람입니다. 선교를 위해 세워진 병원이니만큼 선교에 많은 돈을 투입하는 겁니다."

"선교한다고 이렇게 자주 나가면 도대체 병원은 언제 운영합니까?"

"허허허! 하나님이 지켜주시더라고요."

결국 세무서 직원들은 선교방송에 투입된 일부 비용 문제를 제기하고 세무조사를 마무리했다. 세무서 직원처럼 우리의 사정을 모르는 사람들은 왜 그렇게 많은 돈을 선교에 투입하느냐고 묻는다. 하지만 우린 그렇게 생각하지 않는다.

대부분의 병원이 가장 두려워하는 게 의료사고다. 의사라는 직업은 반드시 어려움을 겪을 수밖에 없다. 환자는 건강하지 않아서 의사를 찾아오기 때문이다. 특히나 지병을 갖고 있는 환자들은 지병을 치료하는 데 너무 많은 시간이 소모되기도 한다. 그래서인지 세간에서는 "훌륭한 의사란 환자를 잘 골라내는 의사다"라는 말이 있을 정도다.

병원 운영 초기, 선한목자병원에서 어려운 환자들을 도와주겠다고 했더니 한결같이 위험한 환자들이 몰려들었다. 매일 중환자로 병원이 넘쳐났지만 단 한 번도 의료사고가 나지 않았다. 인공관절 수술의 경우 통상적으로 백 명 중 한 명은 감염환자가 나온다. 높으면 두세 명이 되기도 한다. 감염환자가 나오는 비율이 0.6~0.7퍼센트 정도면 굉장히 잘하는 병원이라 할 수 있다. 미국 병원은 이 퍼센트를 낮추려고 온갖 노력을 다한다. 우리 병원은 병원 초기부터 감염환자가 생길 경우를 대비해 보험을 들었다. 그런데 놀라운 것은 지금까지 우리 병원에 등록된 환자가 15만 명을 넘었고 수술은 1만 건 정도 진행되었는데도 감염된 환자가 거의 없다. 딱 한 명, 보험회사에서 배상해준 감염환자가 있었다. 그 한 명도 엄밀히 말하면 우리 병원에서 감염된 환자도 아니었다. 수술 후 일 년 뒤에 감염된 분들이 있었지만, 그것은 병원에서 문제가 된 게 아니라 발치하거나 심하게 열병을 앓고 생긴 감염이었다. 지난 14년간 그런 식으로 감염된 환자 수도 세 명이었다. 통계적으로는 믿기지 않는 결과이다. 하나님의 은혜가 아니고선 이런 수치는 나올 수 없다.

우리 병원이 지켜진 것은 보험 때문이 아님을 안다. 아내와 내가 나눈 말이 있다.

"일생 동안 하나님께만 보험을 들자. 하나님의 보험은 예방용 보험이고, 세상 보험은 사후 처리를 위한 보험이다. 보험은 사고 나고 뒷처리하는 것뿐이니, 이 보험을 하나님께 드는 것이 마땅해. 지난 14년간 그 마음을 알아주시고 우리를 위해서 환자들을 살려주신 분은 하나님이야."

아무리 운영을 잘해도 의료사고가 한 번 터지면 병원 운영에 적지 않은 타격을 입게 된다. 병원마다 사무장을 두는 이유는 사고 수습을 원활하게 하기 위한 측면도 있다. 감사하게도 우리 병원은 개원 이후 이렇다 할 의료사고가 발생하지 않았다. 다른 병원이 엄청난 광고비와 의료사고를 수습하는 데 막대한 돈을 쓴다면, 우리는 선교지의 무료진료소를 운영하고 약품을 지원하는 데 드린다고 생각한다. 하나님은 사무장도 없는 선한목자병원을 눈동자처럼 지켜주셨던 것이다.

국내선교
이야기

병원을 개원하고 첫 2년 동안 우리는 국내선교에 집중했다. 해외선교의 비전을 품고 준비하면서, 해외의 의료기술이 낙후된 곳들을 기도하고 있었지만, 사실 국내에도 의료 혜택을 보지 못하는 사람들이 많기에 '우리 집 안방'부터 살피는 것이 도리라고 생각했다.

국내선교는 두 가지 방향으로 이루어졌다. 하나는 어려운 노인들에게 무료 인공관절 수술을 하는 일이었고 다른 하나는 노숙자 진료를 나가는 일이었다.

먼저 무료 수술을 시작했다. 하나님께 서원하는 마음으로 두 명의 환자에게 양쪽 인공관절 수술을 해드렸다. 제천에서 일하던 시절 출석했던 제천제일감리교회에서 관절염으로 고생하시는 두 분을 추천해주셨다. 수술은 성공적이었다. 두 분 다 완치되셨고, 한 분은 일을 하실 정도로 회복되어 번 돈으로 다른 어려운 사람을 도와주기까지 하였다.

원래 병원에선 실비로 수술을 해준다는 것을 밝힐 수가 없었기 때문에, 광림복지재단을 통해서 지방의 교회들에 공문을 보내는 형식으로 시작되었다. 자기 몸을 돌볼 수 없을 정도로 건강이 안 좋은 교우들을 교회로부터 추천받았다. 2002년부터 매년 30명가량 추천을 받았는데 그렇게 오시는 어르신들의 상태는 생각보다 훨씬 심각했다. 무릎 관절염은 일부에 지나지 않았다. 기초적인 건강 상태가 너무 나빴다. 65세 이상 노인들인 데다가 심장병이나 고혈압을 기본적으로 갖고 계신 분들이라 성공적으로 수술을 마쳐도 생명이 위험한 경우들이 속출하기 시작했다.

수술 부위를 열어보면 대부분 연골은 닳아 없어지고 뼈끼리 부딪쳐 극한 통증을 호소한 경우들이 많았다. 심지어는 양쪽 엉덩이 연골이 모두 마모되어 오리처럼 뒤뚱거리며 걷는 환자들도 있었다. 게다가 광림복지재단과 손잡고 전국 미자립 교회 목회자나 생활이 힘든 저소득층 어르신을 추천받아 수술을 진행하다 보니 29개의 병상은 금세 상태가 심각한 노인들로 가득 차게 되었다. 나를 비롯해 의사들은 자리를 떠날 수가 없었다. 밤새도록 병상을 지켜야 되는 날들이 계속되었다.

나는 파도처럼 밀려오는 혼돈을 감당하기가 버거웠다. 무엇보다 스트레스를 받고 있는 직원들을 독려하는 것이 쉽지 않았다. 당시 그곳에 있던 의원급 직원들이나 간호사들은 생명이 위독한 환자들을 경험한 적도 없었고, 수술 경험도 없었던 터라 살고 있는 건지 죽어가는 건지도 잘 구분하지 못했고, 병실마다 생사를 오가는 어르신들의 숨소리를 들으면서 공포와 불안감에 빠지기도 했다.

아내는 수술실 밖에 서 있다가 직원들이 여기저기 뛰어다니는 것을 보면, "또 일이 터졌구나!" 하고는 기도실에서 밤새워 기도하기를 반복했다. 그러면서 기적 같은 일을 경험했다. 그토록 위험해 보였던 어르신들이 모두 회복되었던 것이다.

수술이 끝나고 의식 불명이 되어서 종합병원 구급차를 부른 일도 여러 차례 있었다. 하지만 한 사람도 사망하지 않고 전원이 다 회복되었다. 2002년부터 작년인 2014년까지 한 해도 빠지지 않고 500여 명의 어려운 어르신들을 수술해드렸지만 단 한 번의 의료사고도 일어나지 않았다. 지금도 아찔하기만 하다. 하나님께서 함께하신 일이라고밖에는 달리 설명할 길이 없다.

개원하고 지금까지 철저하게 지키는 두 가지 원칙이 있다. 하나는 매일 오전 8시 30분 아침예배를 전 직원과 드리는 것이고 다른 하나는 수술 전과 후에 반드시 환자와 기도를 드린다는 것이다.

"최선의 서비스는 친절교육만으로는 불가능하다."

이게 나의 신조이다.

'오늘 병원에서 어떻게 환자를 돌볼 것인가? 어떻게 나의 신앙을 구체적으로 환자들에게 적용할 것인가?'

나는 아침마다 스스로에게 이런 물음을 던진다. 그 속에서 매일 사명감을 찾아야만 주님이 주시는 마음으로 환자를 대할 수 있기 때문이다.

"치료는 의료진이 하지만, 치유케 하시는 분은 하나님이시다."

이것은 나의 신앙 고백이다. 선한 목자 되신 주님께서 기도하신 것처럼, 선한목자병원도 기도하는 병원이 될 것이다. 그것이 치유케 하시는 하나님의 능력이며, 선한목자병원의 능력임을 믿는다.

두 번째로 국내선교를 했던 것은 노숙자 선교였다.

노숙자를 향한 의료선교는 늘 마음속에 품고 있었다. 선한목자 병원을 통한 노숙자 선교는 전혀 생각지도 못한 곳에서 시작되었다. 광림교회 한 장로님을 통해 노숙자 사역을 하는 '소중한 사람들'이란 단체의 유정옥 사모님을 알게 되었다. 딱 보기에도 정이 많고 착한 분이었다. 힘든 상황에서도 노숙자들과 매일 아침예배를 드리고 그들에게 식사를 대접하고 있었다. 하루는 유 사모님이 노숙자 한 분을 데리고 우리 병원을 찾아왔다. 그 분을 진료하면서부터 노숙자 선교가 시작되었다. 이후 매달 한두 번씩 토요일마다 서울역 부근에 있는 노숙자 센터를 찾아갔다.

노숙자들은 연령대가 다양했다. 40대 초반의 젊은 사람들도 있었고, 대부분은 50~60대였다. 가끔 80세가 넘으신 할아버지들이 있었는데, 처음에는 끊임없이 뭔가를 요구하며 떼를 쓰는 일이 많았다.

"파스 내놔라. 술 먹어서 속이 쓰리다. 술 깨는 약 내놔라."

하지만 한 사람 한 사람 오래 만나다 보니 정이 쌓여서 보이던 얼굴이 안 보이면 안부를 챙기는 사이가 되어갔다. 주로 간단한 진료를 했지만, 정형외과적인 환자들은 우리 병원에서 치료를 해드리고, 다른 분야의 병이 있는 환자들은 그에 맞는 병원으로 모시고 갔다.

지금은 '소중한 사람들'의 진정성을 알고 수많은 후원자가 생겨났고, 매달 책자를 만들어 전국에 배포하기에 이르렀다.

또한 놀라운 것은 '소중한 사람들'을 통해서 미얀마와 아이티 등 해외선교의 문이 열리게 되었다는 것이다. 하나님은 이렇게 어떤 사람이나 사건을 통해서 우리의 선교 방향을 열어주셨다.

하나님의 역사는 '순종'을 통해 이루어진다. 내게 다가오는 순간 속에서 하나님의 말씀이 보인다면 순종해야 그다음의 비전이 보인다. 한 번의 순종이 더 큰 비전의 방향이 되고, 순종이 쌓이면서 하나님은 그 사람을 통한 비전의 그림을 완성해내신다. 그때 나는 다음과 같이 결단했다.

'하나님! 제게 다가오는 사람들 속에서 그리스도를 보게 해주옵소서. 제게 다가오는 순간들 속에서 하나님의 시간표를 읽어내게 해주시옵소서. 그 모든 사람들과 순간들 속에서 당신께 순종하는 사람이 되어, 하나님나라의 밑그림을 그려가는 도구가 되기를 원합니다!'

부모의
뒷모습

아버지가 의사로 일하시던 시절, 나는 형과 누나들 밑에 있어서 아버지와 대화를 나눌 기회가 많지 않았다. 내게 있어서 아버지는 늘 말씀이 없으신 엄격하신 분으로만 느껴졌고, 나는 세상의 모든 아버지들도 그러할 것이라고 생각했다.

1966년 여름, 내가 여섯 살 되던 해에 나는 아버지와 단 둘이 청주에 있는 할아버지 댁에 갔다. 아버지는 모처럼 3일간의 여름휴가를 얻으시고 시골집에 가셨는데 오래 머물지 못하셨다. 병원 일 때문에 주말이 되기 전 다시 병원으로 돌아가셔야 했기 때문이다.

할머니께서 차려주신 저녁식사를 마치고 아버지와 나는 할아버지 댁을 나섰다. 그날따라 버스가 30분 먼저 지나가는 바람에 아버지와 나는 기나긴 흙길을 걸어야만 했다.

"아버지, 얼마나 더 가야 돼요?"

"응, 이제 다섯 고개만 더 가면 돼."

"아버지, 다리가 아프고 졸려요."

"그럼 아버지가 업어줄까?"

"정말요?"

형과 누나들에 이어 넷째인 나로서는 아버지의 등에 업힌 기억이 없었고, 아버지와 둘이서 오랫동안 손을 잡고 가는 것도 너무 벅찬데, 업어주시겠다는 말씀에 졸음이 한순간에 사라져버렸다.

아버지의 두 손바닥은 그네와 같이 나의 엉덩이를 든든히 받쳐주었다. 땀에 젖어 축축했던 아버지의 와이셔츠 속에서 전해지는 따스함은 어린 나에게 오랫동안 향기로움으로 남아 있다. 아버지의 목에 손을 감고, 은빛 하늘을 쳐다보다가, 자장가처럼 부드럽게 흔들리는 아버지의 넓은 등에 왼쪽 뺨을 댄 채 스르르 잠이 들었다.

그 후로 아버지의 등에 업힌 기억은 없었지만, 50년 가까이 지난 지금까지도, 아버지의 등은 나에게 있어 세상에서 가장 든든하고, 포근하며, 무너지지 않을 도피처처럼 여겨졌다. 어느덧 50년이 지나, 나는 그때의 아버지보다 더 나이 많은 중년의 아버지가 되어 있다. 나 또한 두 아들에게 내 아버지와 같이 성실하고 따뜻한 뒷모습을 보여주는 아버지이고 싶었다.

하나님은 우리 부부에게 두 아들을 주셨다. 첫아들 사무엘은 기도로 낳은 아들이고, 둘째 아들 다니엘은 기도로 살린 아들이다. 우리 부부는 신혼 초부터 언제 아기를 가질 수 있는지를 계산하면서 기도로 태의 열매를 구했다. 그 결과 사무엘을 낳을 수 있었다.

둘째인 다니엘은 아직 기도로 구하지 않았을 때 하나님께서 은혜로 주신 열매이다. 레지던트의 바쁜 일정 속에서 나는 아내를 제대로 돌보지도 못했다. 그래서인지 다니엘은 태어난 지 한 달도 안 돼 뇌수막염을 앓기 시작했다. 병원에서도 다니엘을 포기할 정도였다. 그러나 우리는 포기할 수 없었다. 온 식구가 기도로 매달렸다. 은혜로 주신 둘째 아들을 이렇게 잃을 수는 없었다. 한양대학병원 소아병동 중환자실에서 장모님은 어린 부부였던 우리의 손을 붙잡고 비장한 기도를 해주셨다.

"태초로부터 우리를 만들어주시고 생사화복을 주장하시는 하나님 아버지! 여기에 은혜의 아들 다니엘이 생사의 갈림길에 놓여 있습니다. 주셨던 곳으로 다시 데려가신다고 해도 저희는 받아들이겠습니다. 그러나 다니엘을 통해서 하나님나라가 확장될 수 있도록 한 번 더 기회를 주시기를 간절히 기도드립니다."

믿음의 선배이신 장모님의 그 기도는 모든 식구들의 간절한 소원이었다. 이후 다니엘은 기적같이 살아났다. 다니엘이 회생할 확률은 흔들리는 바늘구멍에 실을 한 번에 넣는 정도로 희박했다. 그런데 그 기적이 일어난 것이다.

나는 두 아들을 어떻게 키워야 할지 고민했다. 나는 어려서부터 부모님께 야단을 맞은 적이 한 번도 없었다. 집에서나 교회 그리고 학교에서도 꾸지람조차 받는 일이 거의 없었다. 그러다가 중학생 때, 딱 한 번, 내 가슴에 들어와 사무치는 이야기를 들은 적이 있었다. 친구의 어머니께서 나를 향해 내뱉은 그 한 마디가 내 의식의 밑바닥에 들어와 박혔다.

"창우는 남들한테 야단맞는 것에 대해 상당히 거부감을 가진 것 같더라."

왜 그 말이 그토록 오랫동안 뇌리를 떠나지 않았는지 모른다. 그 말을 들은 이후로도 한 번도 야단을 맞은 적이 없었다. 선생님들도 나를 칭찬해주었고, 전교회장을 할 때에도 늘 칭찬만 받았다. 오죽하면 선생님들이 "창우야, 너도 머리 삐뚤게 하거나 길러서 야단 한 번 맞아봐라"라고 할 정도였다.

나는 그럴수록 야단맞는 것에 거부감이 있다는 친구 어머님의 말에 사로잡혔다. 그 말이 강박관념처럼 내 마음속에 또아리를 틀고 있었고, 나를 자학하는 동기가 되었다.

'나는 온실에서만 자라났어. 그래서 남들 어려운 점을 잘 모를 거야. 이게 나의 한계이고 문제야.'

이것은 내가 아버지가 되었을 때 고스란히 자녀교육의 방향을 결정지었다.

'내가 두 아들을 키울 때는 나처럼 키우면 안 되겠어. 야단도 치고, 주변의 어려운 사람들도 잘 볼 수 있는 아이들로 키워야겠다.'

나는 엄한 아버지가 되기로 결심했다. 아들들이 조금만 잘못해도 화장실에 데리고 가서 볼기를 때렸다. 아이들이 어르신들 앞에서 떼를 쓰면 "사무엘, 다니엘! 아빠랑 조용히 화장실 갈까?" 하면 아이들은 겁을 먹고 주눅이 들어버릴 정도였다.

나는 그것이 합리적이고 사회에 잘 적응하게 하는 지혜로운 교육 방법이라 생각했다. 다니엘이 중학교 2학년 때까지 그렇게 했던 것 같다. 고집스러운 성격인 큰아들은 잘못했다는 말을 쉽게 하지 않았다. 둘째는 아빠의 마음을 금방 알아차리고, "잘못했어요"라고 말하는데, 첫째는 뚱한 표정으로 아빠를 못마땅해했다. 그러면 더 혼날 것이 두려운 다니엘이 형 몫까지 두 손으로 빌면서 용서를 구하기도 했다.

그러던 어느 날 내 자녀교육의 방향이 틀렸다는 것을 깨닫기 시작했다. 권위 앞에 길들여지게 키우느라 반감만 키우는 것은 아닌지, 심각하게 고민하기 시작했다.

'눈치에 익숙해지는 아이들에게 창의성이나 성실함, 책임감이 생기겠는가?'

어느 날, 사무엘이 고등학교 1학년, 다니엘이 중학교 2학년 때, 아이들을 혼내다가 내가 그만 울음을 터트리고 말았다. 아무리 생각해도 이건 아닌 것 같았다.

"사무엘아! 다니엘아! 아빠가 미안해. 다신 매를 들지 않을게. 아빠가 잘못했어. 사랑으로 너희들을 키워야 하는데, 강하게 키우겠다고 훈육하다가 너희들을 힘들게 했어. 아빠는 너희를 사랑해."

우리 세 부자는 부둥켜안고 울었다. 그날 나는 하나님께 약속의 기도를 드렸다.

'예수님! 이제 다시는 아이들을 때리지 않겠습니다. 사랑으로 키우겠습니다.'

그 후로 아이들에게 손을 대지 않았다. 내가 너무 아이들을 말 잘 듣는 아이들로 키우려고 했다는 것을 깨달았다. 예수님도 제자들을 그런 식으로 대하지 않았고, 나 또한 그렇게 크지 않았는데, 내가 중학생 때 들은 그 말이 독화살처럼 아이들에게 쏘아지고 있었다는 것을 자각하게 되었다. 신기하게도 그런 일이 있은 후, 아이들을 때릴 일이 없어졌다. 아이들이 너무 착해진 것이다.

아이들의 미래를 생각할 때 나는 내심 아이들이 할아버지와 나를 따라 의사가 되기를 원했는데 아이들은 모두 의사가 되는 것을 싫어했다.

"나는 아빠 같은 의사가 되느니 안 해. 아빠는 시간이 없어. 놀러 간다고 하고선 약속도 안 지키고…. 그런 게 의사면 나는 의사 안 할 거야."

두 아들은 이구동성으로 의사가 되지 않겠다고 선포했다.

"그럼, 사무엘 너는 뭐할 건데?"

"음, 나는 과학자가 될 거야."

"그래! 과학자는 오케이. 다니엘, 너는 뭐할 건데?"

"응, 나는 경찰관이 될 거야. 총도 쏘고 특공수사도 하고."

"그건 너무 위험한데."

"아무튼 의사만 아니면 돼."

서운하고 아쉬운 마음이 있었지만, 그렇다고 아이들에게 꿈을 강요할 수는 없었다. 그런데 아이들이 선교를 따라다니면서 바뀌기 시작했다. 할아버지, 작은 아빠와 우리들을 통해 아이들은 아프리카와 아시아에 도움이 필요한 많은 사람들을 보면서 남을 돕고 사는 게 마땅하다는 생각이 스며들고 있었다. 어느 날 둘이 나에게 오더니 갑작스럽게 말했다.

"아버지, 우리들도 의학을 하기로 했어요. 할아버지, 작은 아버지, 그리고 아빠 엄마가 주님께 헌신하는 모습을 보면서 의료선교를 해야겠다고 생각했어요."

신기하고도 감사했다. 의료선교를 하기 위해서 의사가 되고 싶다는 동기가 기특했고, 강요하지 않았는데도 부모의 뒷모습을 보고 따라가겠다고 하는 것이 더욱 그랬다.

"어떻게 그렇게 두 아들을 잘 키우셨어요?"

이런 말을 들으면 나와 아내는 할 말이 없다. 도리어 아이들에게는 미안한 마음밖에 없다. 아이들을 키우면서 아내는 엄마로서 시간 내기가 어려웠고, 나는 나대로 때리면서 아이들을 키웠는데, 그런 방치와 엄격함 속에서도 아이들이 다른 길로 가지 않고, 섬김을 통한 신앙의 길을 가려 한다는 것이 기적 같았다.

지금 두 아들은 의학의 꿈과 선교의 꿈을 동시에 품고 열심히 공부하고 있다. 나는 아이들에게 선교하라고 이야기한 적도 없고, 부모로서 제대로 가르쳐주고 도움을 준 것도 없었는데, 하나님께서 두 아들을 이끌어 인도하시고 연단하시고 계심을 실감하고 있다.

너희는 먼저 그의 나라와 그의 의를 구하라 그리하면 이 모든 것을 너희에게 더하시리라

마태복음 6장 33절 말씀이 우리 부부의 간증이고 고백이다.

나의 아버님께서는 늘 '자식들은 잔소리나 매가 아니라 부모의 뒷모습으로 키우는 것'이라고 하셨는데 그런 의미에서 자녀들을 향한 우리 부부의 최고 배려는 우리가 더욱더 하나님께 충성하는 것뿐이다. 우리가 하나님께 충성할수록, 우리의 뒷모습을 보고 두 아들이 자랄 것이라 믿는다. 그래서 나는 오늘도 뒷모습을 의식하면서 이 길을 걸어가고 있다.

거룩함을
옷 입은 청년들

아내와 나는 늘 청년들에 대한 남다른 애정과 비전을 가지고 있었다. 우리 부부가 선교를 하게 된 가장 큰 이유는 청년의 때에 하나님을 만났기 때문이다. 청년 시절 하나님께 서원을 한 후로 선교가 아닌 다른 길은 생각해보지 못했다.

2005년 나와 아내는 광림교회의 권사, 집사의 직분으로 청년부 부장직을 맡게 되었다. 그때의 기쁨은 말로 표현할 수 없었다. 나와 아내는 늘 입버릇처럼 이렇게 말해왔다.

"우리에게는 두 개의 중요한 사명이 있는데, 하나는 의료선교이고, 또 다른 하나는 청년선교이다. 우리가 만일 청년부를 맡게 된다면 모든 애정과 헌신을 쏟아부으리라."

욕심처럼 했던 말이 주님 안에서 우리에게 허락되었다.

"청년부가 어렵습니다. 오해와 상처를 가진 청년들이 많습니다. 두 분이 잘 다독여서 청년들을 챙겨주세요."

담임목사의 깊은 관심과 고민에서 나온 말이었지만 사실 나는 그 말이 실감이 나지 않았다. 그러나 막상 청년들을 대하자 청년들이 겪는 현실의 짐이 통째로 다가왔다. 불안한 취업난과 미래에 대한 불확실성 속에서 많은 청년들이 예민해져 있었고, 교회 안에서 받은 상처와 오해로 인해 교회를 떠난 사람도 많았다. 남아 있는 청년들도 마음을 닫은 채로 아주 소극적인 신앙생활을 하고 있었다.

'비전이 보이지 않는구나! 쉽지가 않겠어!'

우리 부부는 그날부터 청년부를 담당하는 두 분의 목사님과 함께 청년부의 비전과 방향을 놓고 기도하고 행동하기 시작했다. 두 목사님은 혼돈 속에 있는 청년들을 붙잡고 고군분투하며, 마치 생명을 내건 순교자같이 목회를 하고 있었다.

'청년들이 하나님을 만나고 활기를 찾을 수 있는 길이 무엇일까? 어떻게 해야 교회를 떠나고 있는 청년들을 다시 모이게 할 수 있을까? 하나님, 지혜를 주십시오. 도와주십시오.'

그러던 어느 날 내 머릿속에 한 가지 생각이 떠올랐다. 내가 대학교 1학년 겨울 이대와 연대 크리스천 학생들과 대천에 있는 교회에 성경학교를 섬기러 간 일이 있었다. 그때 시골 아이들에게 복음을 전하고, 그들을 사랑해주면서 받은 감동과 보람이 떠오른 것이다. 나는 청년부 목사님께 의견을 말했다.

"목사님! 우리 청년들을 데리고 지방에 있는 어려운 교회들을 다니면서 선교하면 어떻겠습니까? 직접적인 경험을 통해서 배우는 효과가 훨씬 클 거라 생각됩니다."

이 제안은 받아들여졌다. '선교가 가장 좋은 교육'이라는 생각으로 이름 자체를 '교육선교'라고 했다. 청년들에게 미칠 교육적인 효과를 생각한 것이었지만, 실제로 지방과 시골에 있는 교회들은 대부분의 청년들이 도시로 떠나버린 상황에서 어린이들을 양육할 교사들이 전무한 처지였다. 게다가 게임과 오락 등 교회에 가지 않아도 충분히 재미있는 것들이 많아 주일학교 아이들은 점점 줄어만 갔다.

"이대로 간다면, 한국 교회의 미래는 없습니다. 유럽의 교회들처럼 학생 중에 믿는 이들이 5퍼센트가 되지 않습니다. 앞으로는 소수점 가까이 떨어질지 모릅니다. 초등학생 때 복음을 듣지 못하고 대학에 가면 더 많은 무신론자들이 생길 수밖에 없습니다. 이게 우리가 할 일입니다. 시골로 가서 아이들에게 복음을 전합시다."

이렇게 2007년 첫 교육선교를 시작했다. 첫해는 4개의 교회를 방문했으나 이듬해인 2008년에는 55개, 2009년은 88개로 늘어났고 매년 142개, 240개, 342개 교회로 늘어갔다. 2박 3일 혹은 3박 4일 실시한 성경학교를 위해 청년들은 세 달 이상을 기도하며 교재를 기획해서 만들고, 춤과 다양한 프로그램들을 개발했다. 무엇보다 많은 정성을 쏟은 것은 기도회였다. 일주일에 서너 번 모이면서, 청년들의 가슴속에 교회에 대한 애정과 사랑이 커가는 것이 보였다. 교육선교를 준비하면서 청년들은 변해가고 있었다. '사랑할 대상이 생겼다는 것, 자신이 무엇인가 도움을 줄 수 있다는 것'에 대한 자긍심이 청년들의 눈빛을 변하게 했다.

교육선교는 해외선교로 확장되어 청년들은 몽골과 파키스탄, 중국, 필리핀, 태국, 네팔, 캄보디아, 케냐, 인도네시아 등 세계 곳곳을 발로 뛰고 있었다.

선교 이외에도 우리는 여러 각도에서 청년들을 돕기 위해 몸부림을 쳤다. 다른 교파의 목사님을 모셔서 함께 동역하기도 했고, 선교 단체의 프로그램들을 동원하기도 했다. 그러나 그런 노력에도 불구하고 청년들의 부흥은 쉽지 않았다. 교회와 세상에 발을 동시에 담그고 있는 청년들의 중심축은 교회보다 세상 쪽에 실려 있었다.

'어떻게 하면 세상에 빼앗긴 청년들의 마음을 하나님께로 되찾아올 수 있을까? 어떻게 하면 세속화되어가는 청년들을 하나님의 사람으로 세울 수 있을까?'

이때 새로 청년부에 부임한 이상완 목사님과 이런 고민을 공유했다. 목사님은 청년부에 오자마자, 매주 토요일마다 창세기부터 성경을 가르치기 시작했다. 단순한 개론이나 주제 설교가 아닌 말씀 자체가 가지고 있는 본래의 의도와 의미를 설명해주는 성경공부였다. 목사님은 "오직 말씀으로"라는 슬로건을 강력하게 외쳤다.

"여러분의 머리에 세상의 시대정신이 자리잡고 있습니다. 여러분이 배우고, 익혀온 가치관과 세계관으로는 하나님 말씀에 순종할 수가 없습니다. 아니, 말씀의 본뜻조차 이해할 수 없습니다. 성경을 보더라도 여러분의 머리를 거치고 나오면 우상이 되고 말 것입니다. 창세기부터 요한계시록까지 공부하면서 가봅시다. 말씀의 대장정 속에서 여러분의 가치관은 깨질 것입니다. 여러분은 하나님의 말씀으로 새로운 존재의 집을 가지게 될 것입니다."

목사님은 전립선이 망가지고 허리가 휠 정도로 말씀을 준비하셨다. 그리고 그 열정을 매주 토요일마다 청년들에게 쏟아부었다.

'바로 저거다! 오직 하나님의 말씀이 살아서 사람들의 혼과 골수와 관절을 쪼개고 새롭게 하는구나! 하나님, 감사합니다. 역시 하나님의 말씀이 답이었습니다.'

우리는 뛸 듯이 기뻤다. 세상으로부터 청년들의 마음을 되찾아올 수 있다는 것이 너무도 기뻤다. 그리고 우리가 할 수 없는 일을 목회자가 해주어 참 감사했다.

그렇게 말씀공부를 시작한 것이 어느덧 5년이 지났다. 5년 전 창세기를 시작했는데, 이제 요한계시록의 끝 부분에 와 있다. 한 장 한 장 성경이 넘어갈 때마다 청년들의 영혼은 재창조되었다. 청년들의 눈빛이 변했다.

현재 광림교회 청년들은 대학과 직장에서 말씀운동을 일으키고 문화를 통해 복음을 전하는 사업들을 펼침으로써 한국 사회의 곳곳에서 영향력을 발휘하고 있다. 그리고 대한민국을 넘어 온 세계를 다니면서 교회를 세우고, 선교를 감당해나가고 있다. 이 모든 결실이 말씀의 힘이라고 믿는다. 인간이란 존재는 오직 하나님의 말씀으로 새롭게 재창조되어야 하는 존재이며, 그 길은 오직 우리를 지으신 하나님의 말씀뿐임을 확신하게 된다.

올해로, 청년선교를 시작한 지 만 10년이 되었다. 10년 동안 청년들과 함께 고민하고, 발로 뛰면서 느낀 것이 있다.

'대한민국의 청년들은 세상에서 가장 우수한 자원이다. 한국의 청년들이 하나님을 안다면 우리나라는 세계 최고가 될 수 있다.'

한국 청년들만큼 똑똑하고 지혜로운 청년들을 잘 보지 못했다. 다만 그 우수한 청년들 안에 하나님이 계셔야 한다. 준비된 인재들이 하나님을 알고 소명을 발견하니까 가치 있고 창의적인 일들을 해내는 것을 수없이 보아왔다. 청년은 이 나라의 미래다.

이 나라의 미래는 어떠해야 할까. 이미 우리나라는 돈으로는 세계 10위 안에 드는 나라가 되었다. 세계 1위의 돈이 많은 나라가 되는 것이 가치 있는 것은 아니다. '우리가 얼마나 도와주는 나라가 될 것인가?' 이것이 훌륭함의 척도가 될 것이다. 위대한 국가가 되는 것은 예수님 정신으로 돌아와 이웃을 돌아보고, 자신을 겸손히 낮추는 청년들이 많아질 때 이루어진다. 예수 정신으로 가는 수밖에 없다. 다윗이 어마어마한 업적을 이루었지만 성전을 짓는 일을 솔로몬에게 넘겼듯이, 경제적인 부를 이룬 어른들의 시대는 가고, 이제 다음 세대인 청년들을 통해서 위대한 나라로 가야 한다.

그 꿈을 이루기 위해, 자기 안에 갇힌 '자아'의 틀을 깨야 한다.

'나를 뛰어넘는' 사랑을 품은 자들이 되어야 한다. 그 모델과 틀을 보여주신 분이 예수 그리스도이시다.

예수 그리스도를 중심에 모실 때, 우리 안에 거룩한 변화가 일어날 것이다. 나는 이 땅에 거룩함을 입은 똑똑한 청년들이 온 세계를 누비며 하나님나라를 확장해나가는 꿈을 꾼다. 그 청년들을 통해 예수 그리스도의 사랑이 나타날 것을 바라본다.

복음의 길,
순종의 발걸음
epilogue

선한목자병원을 통한 의료선교의 길을 걸은 지, 14년이 되었다. 아직 가야 할 길이 태산처럼 남아 있다. 미얀마에 선한목자병원들이 생겨나고 그 병원들을 통해 선진 의술이 흘러 들어가고, 사람들이 그 의술의 특혜를 누리며 건강해질 뿐 아니라 그 속에서 예수 그리스도의 향기를 맡게 될 것이다. 하나님의 사랑을 느끼게 될 것이다. 나는 미얀마가 세계 선교 병원을 시작하는 신호탄으로 믿고 있다.

  하지만 미얀마가 아니어도 좋다. 라오스와 필리핀 그리고 아프리카와 중국, 나아가 저 북녘 땅과 그 어느 곳이든 예수 사랑을 담은 선교 병원들이 세워지는 것! 그래서 열방의 많은 하나님의 백성들이 주께로 돌아오는 것! 눈을 감으면, 그런 이미지들이 떠오른다. 본능처럼, 어쩌면 내 인생의 길과 열망은 그런 비전에 이끌리도록 만들어졌는지도 모른다.

어느 순간부터 이런 비전을 품게 되었을까? 기억을 떠올리면, CCC 수련회 때인 것 같기도 하고, 더 거슬러 올라가보면 엑스플로 74 때인 것 같기도 하다. 그러나 아마 그 이전일 것이다. 1961년에 내가 세상에 나오고, 내가 운명적으로 만난 사람들 그리고 내가 걸었던 삶의 궤도와 스승들, 그 모든 삶의 여정들 속에, 아니 어쩌면 태초 이전부터, 오늘의 자리로 부르시는 하나님의 인도하심이 아니었을까? 그 모든 만남과 순간들 속에, 하나님께서는 의료선교를 소망하는 영적인 세포들을 내 몸과 영혼 속에 넣어주셨으리라!

양가 부모님, 형제들, 사랑하는 친구들, 아내 김정신 권사 그리고 내가 만난 스승들! 이 모든 사람들은 내게 사건이었고, 섭리였으며, 의미였다. 지금의 '나'로 세우시는 수많은 부르심들이었다.

우리가 살아내고 싶은 삶은 이미 태초부터 하나님께서 겨냥하시고 격발시키신 화살일지 모른다. 우리 부부는 그 화살이 정확하게 하나님의 과녁을 향해 날아가고 있을 거라 믿는다. 그 과녁은 복음이다. 예수 그리스도이시다. 예수 그리스도 안에 통일되어 있는 하늘과 땅이며, 그리스도를 머리 삼은 하나님의 백성들이다.

나는 우리가 걸어온 발자국이 복음이 되기를 갈망한다. 그 갈망이 우리 부부의 간절한 기도가 되었다. 이제 선교했던 나라들에 대한 이미지를 떠올리며 하나님께 모든 사역을 맡기는 기도를 올려드리며 이 글을 마무리하고자 한다.

사랑하는 하나님 아버지! 복음을 위해 저와 아내를 불러주신 주님께 감사를 드리며 영광을 돌립니다. 우리의 삶은 주님이 비추신 거룩하고 신성한 빛의 반사일 뿐입니다. 들에 핀 꽃이 빛을 색으로 반사하듯이 우리의 길이 뒤에 오는 사람들을 그리스도로 인도하는 별이 되게 해주옵소서!

미얀마와 라오스에 그리스도를 비추는 선교 병원이 세워지게 해주시고, 그 선교 병원이 미얀마와 라오스를 하늘로 데려가주는 통로가 되게 해주옵소서!

저 메마르고 갈라진 땅 아이티에, 그 혼돈 속에 굵은 땀을 뿌리고 있는 한국인 젊은이들에게 용기와 위로를 주옵소서! 주님께서 세우신 진료소에서 그리스도의 사랑이 흘러넘치게 하시고, 메말라가는 사람들의 영혼을 해갈케 하는 생명수가 되게 해주옵소서!

주여! 가난하고 불쌍한 미크로네시아와 아프리카 나라들 그리고 인도네시아에 소망을 주옵소서! 허무하게 사라져버리는 인간의 원조가 아니라, 영원히 사라지지 않을 하늘의 양식을 내려주옵소서!

어둠에 묶여 그리스도를 붙들지 못한 파키스탄, 네팔, 캄보디아, 몽골 등 수많은 나라들을 기억합니다. 주여, 그 어둠을 하늘의 빛으로 묶어주옵소서! 불신과 우상이 어둠을 깨닫고 빛으로 되돌아오는 영적인 계몽이 일어나게 해주옵소서!

주님이 부르시는 곳마다 발 벗고 순종하며 가겠습니다. 우리가 잠시 머무는 흔적들마다 그리스도의 향기가 남게 하시고, 그 향기에서 치유와 생명의 역사가 펼쳐지게 하옵소서!

주여! 지금까지 살아온 시간들과 앞으로 살아야 할 미래까지, 한 줌의 흙으로 돌아갈 이 육신과 영혼까지, 하나님나라가 이 땅에 이루어지기를 간절히 원하나이다. 제가 자란 배경과 배움과 만남과 모든 여정들이, 주님이 부르시는 음성에 기쁘게 순종하며 자원하여 나아가는 발걸음이 되게 해주옵소서.

앞으로의 의료선교 여정을 의탁드리며 예수님의 이름으로 기도합니다. 아멘.

건너와서 우리를 도우라

초판 1쇄 발행	2015년 7월 20일
초판 2쇄 발행	2015년 8월 14일

지은이　　　이창우

펴낸이　　　여진구
책임편집　　2팀 | 최지설, 김나연
편집　　　　1팀 | 이영주, 김수미　　3팀 | 안수경, 유혜림　　4팀 | 김아진, 김소연
책임디자인　이혜영, 전보영 | 마영애, 오순영

기획·홍보	이한민	해외저작권	김나은
마케팅	김상순, 강성민, 허병용, 이기쁨	마케팅지원	최영배, 이명희
제작	조영석, 정도봉	경영지원	김혜경, 김경희

이슬비전도학교　최경식, 전우순　　　　　　　　303비전성경암송학교　박정숙, 정나영, 정은혜
303비전장학회 & 303비전꿈나무장학회　여운학

펴낸곳　　　규장

주소　06770 서울시 서초구 매헌로 16길 20(양재2동) 규장선교센터
전화　02)578-0003　팩스　02)578-7332
이메일　kyujang@kyujang.com　홈페이지　www.kyujang.com
트위터　twitter.com/_kyujang　페이스북　facebook.com/kyujangbook
등록일　1978.8.14. 제1-22

책값　뒤표지에 있습니다.
ISBN　978-89-6097-414-2　03230

규 | 장 | 수 | 칙

1. 기도로 기획하고 기도로 제작한다.
2. 오직 그리스도의 성품을 사모하는 독자가 원하고 필요로 하는 책만을 출판한다.
3. 한 활자 한 문장에 온 정성을 쏟는다.
4. 성실과 정확을 생명으로 삼고 일한다.
5. 긍정적이며 적극적인 신앙과 신행일치에의 안내자의 사명을 다한다.
6. 충고와 조언을 항상 감사로 경청한다.
7. 지상목표는 문서선교에 있다.

하나님을 사랑하는 자 곧 그의 뜻대로 부르심을 입은 자들에게는 모든 것이 合力하여 善을 이루느니라(롬 8:28)

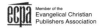

규장은 문서를 통해 복음전파와 신앙교육에 주력하는 국제적 출판사들의 협의체인 복음주의출판협회(E.C.P.A:Evangelical Christian Publishers Association)의 출판정신에 동참하는 회원(Associate Member)입니다.

Member of the
Evangelical Christian
Publishers Association